浙江省哲学社会科学规划课题成果
课题名称：文化创意产业视角下传统老字号业态创新研究——以浙江省为例（13NDJC153YB）

教育部规划课题成果
课题名称：人类表演学与媒介建构研究（14YJA760017）

中华老字号业态创新

理论、路径与案例

刘强 厉春雷——著

Business Innovation of

China's

Time-honored Brands:

Theory, Path and Case

ZHEJIANG UNIVERSITY PRESS

浙江大学出版社

图书在版编目(CIP)数据

中华老字号业态创新:理论、路径与案例 / 刘强,
厉春雷著. —杭州:浙江大学出版社,2019.6(2021.1重印)
ISBN 978-7-308-18873-9

Ⅰ.①中… Ⅱ.①刘…②厉… Ⅲ.①文化产业—产
业发展—研究—中国②老字号—企业发展—研究—中国
Ⅳ.①G124②F279.24

中国版本图书馆 CIP 数据核字(2019)第 005435 号

中华老字号业态创新:理论、路径与案例

刘　　强　　厉春雷　著

责任编辑	陈　翩
责任校对	丁沛岚
封面设计	春天书装
出版发行	浙江大学出版社
	(杭州市天目山路 148 号　邮政编码 310007)
	(网址:http://www.zjupress.com)
排　　版	浙江时代出版服务有限公司
印　　刷	广东虎彩云印刷有限公司绍兴分公司
开　　本	710mm×1000mm　1/16
印　　张	13
字　　数	200 千
版 印 次	2019 年 6 月第 1 版　2021 年 1 月第 3 次印刷
书　　号	ISBN 978-7-308-18873-9
定　　价	49.80 元

目　录

第一编　中华老字号品牌概说

第二编　中华老字号的保护和振兴

第三编　中华老字号的"非遗"价值审视

第四编　中华老字号的业态创新

第一编

中华老字号品牌概说

第一章 品牌文脉:《周易》与中华老字号

  中华老字号是中国品牌文化的符号之一,既是优秀的非物质文化遗产,又是宝贵的商业品牌资源;中华老字号浓缩了中国文化传统思想精华,包括《周易》的文化渊源。在中国几千年的历史传承中,《周易》作为儒家文化经典,奠定了"仁义礼智信"儒家文脉的基础。千百年来,中华老字号不断吸纳着《周易》的文化养料,将其转化成品牌文化的核心价值。在许多中华老字号品牌中,都能看到《周易》文脉的根基。可以说,中华老字号就是《周易》及其儒家文化的符号化和品牌化的表现方式。因此,《周易》作为儒家文化的经典,其思想和价值观在中华老字号中得到了充分体现。《周易》提出"和顺于道德而理于义,穷理尽性而至于命""立仁之道曰仁与义",把"道"与"仁"作为理义的旨归。"崇德尚仁"既是《周易》的核心诉求,也是中华老字号的命脉。从《周易》中梳理中华老字号的文脉和价值体系,有助于更深入地剖析中华老字号的文化肌理,有助于更好地挖掘《周易》的品牌价值和商业价值的文化根源。

第一节　中华老字号的品牌命名与《周易》

中华老字号源远流长，在世界各地留下了商业足迹，形成了以汉字字号为载体的东亚品牌文化圈。在中国很早就有注重"名号"的传统。在中国传统文化中，名学是中华老字号取义命名的义理根据。在中国历史发展的各个时期，中华老字号都注重字号命名，从儒家文化中汲取营养，来构建品牌文化和商业文化。

《周易》在中华老字号中的文化表征，彰显于以《周易》的核心概念直接取义命名。许多老字号都以《周易》经典语录直接取字命名。"名"在中国文化中有着特殊的象征意义，对公众有巨大的暗示和象征作用，或者说能起一种特殊的说服或传播效果。凡事"名"为先，"名不正则言不顺，言不顺则事不成，事不成则礼乐不兴"（《论语·子路》）。因此，"正名"对于老字号来说事关重大。"名"是儒家正统叙事方式之一和权威的证明方式，也是根源于《周易》及其儒家文化的品牌建构方式和传播方式。"名"一方面要来源正统，一方面要能够阐释"德""仁"等儒家的核心价值观。《周易》为中华老字号的命名提供"正名"的品牌文化资源。

"名正"可以说明其合理性、权威性和正统性，也是彰显儒家经典微言大义的象征形式。这是老字号品牌所蕴含的文化张力与传统文化的特质所在。由"名"可以引申出许多文化的想象与意义的表征，如"名气""名分""名城""名品""名声""名号""名头""名牌""名人""名品""名山""名流""名店""名望""名产"，这些意义的生成、引申与转换，无一不与"名"有关联，植根于"名"文化的内蕴。在中华老字号中，"名"在某种程度上充当了一个资源与文化整合器的作用。事实上，"名店""名城""名人""名声"等都成为与中华老字号相关联的品牌文化资源，关联、隐含并扩大了中华老字号品牌的传播效应和文化积淀效应。

中华老字号的"名",能引申出许多
的文化的隐喻、象征和想象,这种"名"
的传播张力正是中国品牌文化建构的
特有的方式,故历史上中国对起名有特
别的讲究,无论是人名还是店号名,都
要考察阴阳五行、风水时辰,以图趋吉
避凶、万事顺达。这也是名学中所研究
的内容。《周易》是阴阳五行、仁德教化
的源头。因此,许多中华老字号的品牌
命名,都要从《周易》的微言大义中去挖
掘正统的"名",与品牌字号相连接,从

庆余堂

而使品牌内涵和价值有了无限的伸展空间与象征意义。由于"名"在阴阳五
行的意蕴中,甚至还隐含着某种宿命论归因,某些以阴阳五行命名的字号之
"名",又常常带有神秘和命定论色彩,更增加与强化了老字号特殊的心理体
验效果和集体无意识。这与西方把品牌作为"建立在消费者心里的印象"这
一建构方式有着根本差异。

以《周易》命名这一"引用"方式,也是中华老字号品牌文化的传播修辞
技巧。在中国的文化语境中,"正名"须"证明",而引用则是"证明"的最佳修
辞方式。直接从《周易》中取其字、用其意来"证明",无疑是最直接有效的说
服手段。一些经典的中华老字号品牌都采取这样的方式来构建字号品牌文
化。中华老字号胡庆余堂、咸亨酒店,其字号品牌的"庆余""咸亨"均直接取
自《周易》。以胡庆余堂为例,该堂号便取自《周易》:"积善之家,必有庆余;
不积善之家,必有余殃。"胡雪岩本打算直接取"余庆堂"为堂号,后因避讳秦
桧府邸"余庆堂"名号,故改为"庆余堂";而"咸亨"之名则来自《周易·坤
卦》:"坤厚载物,德合无疆。含弘光大,品物咸亨。""品物咸亨"意为万物皆
顺利、通达。所以,取字"咸亨"作为字号命名,可谓意义深远。

咸亨酒店

第二节　中华老字号核心价值观与
儒家文化的"仁""德"理念

　　中华老字号以儒家文化的"仁""德"理念,构建了品牌的核心价值观。从"理"来看,《周易》作为儒家思想的经典,其价值观渗透于中华老字号的品牌文化和商业文化之中,从而成为中华老字号品牌核心价值的根基。中华老字号虽然是商业表征,但是在中国传统文化中,老字号品牌文化强调正确的义利观,要"以义取利",而不能见利忘义。同仁堂强调"炮制虽繁必不敢省人工,品味虽贵必不敢减物力";胡庆余堂强调"戒欺",把医药经营称为"是乃仁术";腾冲制药甚至在药王庙前建有"悔过亭",让药行同业公会牢记曾经发生过的售卖劣质药事件。中华老字号的这些古训、宗旨和行为都彰显了"仁""德"价值观的浸染,以德为先、以仁为本、以信取人。"德至而事兴,德废而业亡"早已成为中华老字号文化的基本理念。

《周易》把"德"置于至高无上的地位。开篇"乾卦"云:"见龙在田,德施普也";"天德不可为首也";"初九曰'潜龙,勿用',何谓也?子曰:龙德而隐者也";"龙德而中正者也。……德博而化";"见龙在田,利见大人。君德也";"君子进德修业,忠信,所以进德也,修辞立其诚,所以居业也";"君子进德修业,欲及时也,故无咎";"飞龙在天,乃位乎天德";"君子以成德为行";"夫大人者,与天地合其德";"君子行此四德者,故曰:乾,元亨利贞"。"坤卦"中,《周易》以"德"为核心,更进一步发挥了"君子以厚德载物"思想。整个"乾卦"中,"德"字出现了 14 次之多,可见"德"居于何等重要地位,它是整个《周易》的核心思想,也是阐发卦辞和卦象的基础。

中华老字号以"德"为核心价值观构建的品牌理念,成为一条贯穿各个历史时期老字号文化的脉络。按照《周易》的说法,"德"包含着多重含义,除了"元、亨、利、贞"外,还有"仁"的含义。或者说"仁"是"德"的具体表现形式,以及内涵的自然展开。所以,中国许多老字号品牌中,都包含了"德""仁"二字。商务部认定的第一批 434 个中华老字号中,含"德"字的就有四川德仁堂、长春积德泉、北京全聚德和聚德华天、山东德馨斋和孚德、陕西德懋恭、上海蔡同德堂和功德林等。含"仁"字的则有北京同仁堂、南京同仁堂、镇江存仁堂、四川德仁堂,还有天津乐仁堂等。

含"德"字的老字号主要以食品、餐饮和医药行业为主,含"仁"字的老字号几乎全部是医药行业。这种命名方式绝非偶然,说明了在中国传统医学和饮食行业中,把"德""仁"作为至高无上的经营理念。因为医药、饮食事关健康,经营必须以仁、德为先。古人云:"仁者,爱人也。""仁"是一种道德理想境界,也是一种修身的道德实践;仁者"穷则独善其身,达则兼济天下"。这与西方品牌文化中以利为先、以法为度的信条截然不同。北京同仁堂正是以仁为本,恪守"炮制虽繁必不敢省人工,品味虽贵必不敢减物力"的古训,使这一老字号品牌历久弥新;胡庆余堂在堂口刻上"是乃仁术"作为企业信条,把医术视为"仁术"。中华老字号在品牌命名中自觉地把"仁""德"理念融入字号,并将之作为品牌文化核心价值的基础。

本章小结

名号是中华文化的重要内容。名与号是传达意义和价值理念的表征形式,由此而产生了名学。因而,取字命名在中国传统文化中有了特殊的象征意义,人们往往引经据典,以彰显微言大义。《周易》被称为中国传统文化经典中五经之首、三玄之冠,是中华老字号的文化源头。"字号"是中华老字号的品牌载体和表现方式,也是最重要的品牌资产。许多中华老字号的品牌内涵正是来源于《周易》的核心思想。

第二章　品牌战略：中华老字号与民族品牌崛起

　　20世纪80年代以来，全球进入品牌竞争时代。西方发达国家都把建立强势品牌作为核心战略。在全球产业分工的基础上，发达国家以品牌输出作为最直接有效的全球市场控制手段，以技术壁垒压制发展中国家的崛起。因此，国际经济竞争格局在很大程度是通过品牌战略来实现的。进入21世纪，中国经济迅速崛起，"中国制造"在世界经济舞台上扮演了世界工厂的角色，以华为、阿里巴巴等为代表的中国品牌，在国际市场形成了强有力的竞争态势，对发达国家的强势品牌构成了巨大挑战。西方发达国家对中国本土品牌的崛起采取"零容忍"策略，用各种手段进行打压。因此，国家品牌战略将是中国产业转型升级的必然选择和趋势，而中华老字号必将成为国家品牌战略的重要支点。

　　中华老字号是历久弥新的文化瑰宝，凝聚了中华民族千百年的商业智慧，传承了经久不衰的中华品牌文脉。近年来，政府从弘扬民族文化、提振民族品牌的战略高度，提出了振兴中华老字号的国家品牌战略，成立了"中国商业联合会中华老字号工作委员会"和"中华老字号振兴发展委员会"等机构，为中华老字号的振兴注入了强劲动力。2008年，国家发改委等十四部委联合发文，提出振兴中华老字号战略；商务部继2006年认定了第一批434家中华老字号以后，在2010年审定发布了第二批中华老字号名录，各地政府也纷纷出台了振兴中华老字号的政策措施。中华老字号振兴事业迎来了前所未有的大好局面。

第一节　国际品牌话语权的争夺与中国民族品牌的崛起

一、全球竞争的焦点是品牌话语权

在全球经济一体化的今天,市场竞争既是企业之间的竞争,也是国家之间的竞争,而竞争的焦点则是品牌话语权。可以说,谁控制了品牌话语权,谁就控制了市场竞争的主动权。第二次世界大战之后,世界经济经过30多年的高速发展,技术创新与生产能力日新月异,不断创造着经济奇迹,推动着全球经济的发展。在经历了产品竞争时代和技术竞争时代后,20 世纪 80年代全球进入品牌竞争时代,"今天,品牌就是一切,是所有类型的产品和服务——从会计事务所到运动鞋市场到餐馆,就是指出如何超越它们各自分类的狭窄的边界,变成一个像斯沃琪(Swatch)这样嘀嗒作响的品牌"[①]。

在品牌竞争中,西方发达国家始终占据着世界品牌发展的主导权,掌控着全球品牌的话语权。在整个全球经济战略的布局上,发达国家以资本输出控制全球的金融市场,以品牌输出控制全球的消费市场,以科技垄断控制全球的技术市场,以传媒垄断控制着品牌传播路径,以强权政治打压发展中国家的崛起,形成了"品牌霸权主义"。其中,品牌输出与霸权是最直接有效的市场控制手段,而资本和科技通过品牌整合和"加持",强化了对市场全面控制的力度。2018 年 10 月 4 日,全球最大品牌咨询公司 Interbrand 公布了2018 年全球最具价值百强品牌,总价值达 2 万亿美元,比 2017 年增加了7.7%。其中,苹果(Apple)、谷歌(Google)、亚马逊(Amazon)位居前三。苹果的品牌价值高达 2145 亿美元,谷歌和亚马逊的品牌价值分别为 1555 亿美元和 1008 亿美元。华为位居第 68,比 2017 年上升了两位,是唯一进入全球

---

① ［法］让·诺尔·卡菲勒.战略性品牌管理［M］.王建平,曾华,译.北京:商务印书馆,2000:171.

100 强的中国品牌。可见,中国品牌在全球的影响力还非常有限。

品牌战略在当今国际经济分工中,通过不同企业和国家的生产与流通体系,在产业链中充当着不同角色,发挥着不同作用。在国际产业链利润分配中,专有技术大约占 30％的份额,品牌占 35％左右的份额,渠道与管理占 25％份额,生产加工占 5％～10％的份额。也就是说,品牌和专有技术等知识产权处于上游高端环节,是产业链中的核心资源,掌控着中下游的其他环节,占据着绝对主导的地位。而生产加工环节居于产业链中附加值最低的下游末端环节,是整个产业链中从属的、被掌控的环节,不仅可替代性强,具有极大的不稳定性,而且随时有被清场出局的危险。因此,国际经济竞争格局中的产业链分工与协作,在很大程度上是通过品牌战略来实现的。发达国家对中国经济的打压与市场争夺,首先是从挤压中国品牌与产品的生存空间开始的,许多中国企业充当了国外品牌代工厂的角色,即国外企业提供品牌或技术,中国企业只进行加工与制造,赚取微薄的加工费,不仅附加值最高的品牌溢价利润被国外企业全部拿走,而且给中国带来了诸多的环境污染问题,中国为此付出了巨大的社会成本。虽然长期以来,中国产品以"中国制造"(made in China)在世界经济舞台扮演了世界工厂的角色,但在西方人的思维定式中已经形成了中国产品"贱而多"(cheap and a lot)的刻板印象。

我国实行全面对外开放后,由于经济建设中的历史欠账太多,在资本、技术、管理、人才、品牌等方面产生了多种需求,与西方发达国家的经济合作是全方位的,涉及各个产业和领域,造成了西方经常利用经济与技术优势钳制我国的经济发展。长期以来,西方发达国家对我国经济采取了渗透、打压和控制的基本策略,这一点从未因中西方的经济合作而改变过。至今,西方发达国家仍然在某些高科技领域对我国实行技术封锁,有时还对我国具有竞争力的产品进行反倾销调查,试图阻止我国的优势产品在西方国家占据市场主导地位。因此,西方发达国家对我国的经济安全的威胁是多方面的、复杂的和持久的。其中,西方发达国家始终把品牌战略作为压制我国经济发展的一个撒手锏,通过产业链分工和在市场的垄断地位压制我国品牌的崛起,对我国的经济安全构成了严重的威胁。改革开放至今,西方发达国家对我国经济安全的威胁经历了以下三个阶段。

第一个阶段：1979—1989 年。

1979 年，中国从"十年动乱"中恢复过来，国门刚刚打开，"十年动乱"造成的闭关锁国政策，导致产品的市场供应不足，生产技术水平低下。西方发达国家对中国具有巨大的市场优势，采取了技术输入加品牌控制的策略。当时，国内计划经济的惯性还没有被打破，长期的内乱和封闭使得中国与西方发达国家在生产技术水平和管理能力等方面存在着巨大的差距，加之中国企业整体实力薄弱，根本就没有品牌意识，在市场竞争中，无论是在技术上还是在产品上，中国根本无法与西方发达国家相抗衡。中国输出的产品基本是科技含量和品牌附加值很低的初级产品，出口以农副产品、矿产资源和轻工产品为主。而西方国家输出的产品则是科技含量和品牌附加值都较高的工业产品，如汽车、电视、冰箱、洗衣机、摩托车、录音机等耐用消费品。

这样的产品结构决定了在国际经济竞争中，尤其是高科技领域，中国尚不是西方发达国家的对手，西方国家不需要通过输出品牌来赢得竞争，完全依靠高科技知识产权即可控制中国市场。到了 20 世纪 80 年代，日本向中国大量输出电视机、电冰箱、录音机、洗衣机、摩托车和轿车等产品，却拒绝在中国设厂，更不用说转让技术。为此，中国每年不得不花费大量外汇从日本进口轿车和家用电器，给经济发展带来了沉重负担。在这种情况下，中国试图引进西方发达国家的轿车生产线，实现轿车生产本土化。但是，在日本拒绝向中国转让轿车生产技术的情况下，美国克莱斯勒汽车公司（Chrysler Corporation）与日本公司沆瀣一气，试图用技术转让控制中国的轿车产业。于是，中国只有向德国求助，中国一汽和上海汽车公司先后与德国大众合作成立了合资轿车生产企业。但是，当时国人并没有意识到，在引进国外先进技术和品牌的同时，应打造自主轿车品牌和掌握自主知识产权。时至今日，在中国的汽车市场上，国外轿车品牌形成了压倒性优势，给中国汽车产业留下了无穷隐患。中国拱手让出了汽车市场，却未能培育出有竞争力的民族汽车品牌。

第二个阶段：1990—2000 年。

经过十多年改革开放后，中国整体经济实力显著提高，中国产品在国际市场的竞争力有所上升，尤其是加入世界贸易组织（WTO）后，我国企业加快了融入国际经济一体化的进程。西方发达国家基本完成了在我国的规模化扩张和资本集聚后，形成了由大型跨国企业集团主导全球市场竞争的格局。为扩大企业规模和提升综合竞争能力，中国企业对资本的渴求日趋强烈，西方发达国家则趁机而入，改变了过去以技术加品牌手段压制中国竞争力的模式，而是以资本加品牌的策略来加强对中国市场的渗透与控制。一方面，以资本为手段，用合作合资的方式来掩人耳目，入主中国企业达到以资本控制中国本土品牌的目的。法国著名食品企业达能集团入主娃哈哈，并成为娃哈哈品牌的共同持有人，自然而然就拥有了娃哈哈这一中国饮料行业的第一品牌。而中国本土的娃哈哈企业甚至不清楚法国达能集团的潜在用心。与此同时，达能集团还以注资的方式，控制了中国另一个饮料行业的知名品牌——广州乐百氏。达能集团"两面下注"的目的只有一个，即在加快推进达能集团自有品牌占领中国市场的同时，掌控中国本土强势品牌，进而控制中国饮料行业市场。另一方面，西方企业利用中国企业对国际市场和国际品牌运作尚不熟悉的弱点，以直接消灭中国本土的品牌为目的，收购国内的工厂，让中国本土品牌在国际国内市场无立足之地。荷兰飞利浦公司对中国节能灯产业的打压也是如此。节能灯本来是中国人的发明，并以物美价廉的特点打入欧洲市场。飞利浦过去从来没有涉足过节能灯市场，但它看到了这一市场巨大的潜力，便决定进入节能灯市场。首先，通过资本运作，飞利浦公司收购兼并了中国的一些节能灯生产企业。然后，对于拒绝兼并收购的中国企业，飞利浦发动欧盟对中国的节能灯进行反倾销调查，以便把中国节能灯企业挤出欧盟市场，最后形成飞利浦公司在节能灯国际国内市场一家独大的局面。事实上，飞利浦公司通过这一手段完全达到了预设的目的，以资本加品牌方式掌控了中国乃至全球的节能灯市场。

第三个阶段：2001年至今。

随着中国综合国力的不断增强，以及中国企业核心竞争力的全面提高，华为、阿里巴巴、联想、小米、海尔等一批高科技企业品牌崛起，在国际市场掀起一股中国风。西方发达国家感受到中国后来者居上的巨大压力，于是对中国企业进行围追堵截，千方百计压制中国品牌的崛起。美国、澳大利亚等西方国家,限制具有国际领先水平的华为 5G(第五代移动通信网络)产品的进口,利用国际媒体大肆抹黑"中国制造"的形象。但是,我国政府和企业的品牌意识开始觉醒,提出了构建国家品牌战略的构想,以《中国制造 2025》规划为指引,提出了"创新驱动、质量为先、绿色发展、结构优化、人才为本"的基本方针,以此作为提升中国品牌在国际经济中的核心竞争力的契机。与此同时,西方发达国家则通过品牌输出和品牌收购等手段,并通过制定国际经济分工中的不平等游戏规则,来挤压中国本土品牌的生存空间,限制中国产品在中高端市场中的竞争,试图在国际经济的产业链分工中让中国企业永远处于价值链的最低端。这一时期,我们可以清楚地看到,西方国家除了继续扩大与增强原有的强势品牌在市场中的占有率和竞争力外,又开始了新一轮品牌输出、品牌扩张、品牌竞争,以及对具有发展潜力的中国本土品牌的并购。2007 年 12 月 20 日,苏泊尔被国际炊具巨头法国赛博集团并购。2008 年 9 月 3 日,美国可口可乐公司宣布,将以 24 亿美元(约合人民币 168 亿元)收购中国著名的饮料企业汇源集团,商务部根据《中华人民共和国反垄断法》,于 2009 年 3 月 18 日发布禁止可口可乐公司收购的公告,阻止了中国知名品牌的进一步流失。2011 年 5 月,全球最大餐饮集团——拥有肯德基、必胜客等国际知名品牌的美国百盛集团,收购"中国第一火锅股"小肥羊。

可见,西方发达国家不仅在新兴的高科技产业中抢占了品牌的制高点,而且在传统产业中也以品牌和资本的力量,挤压中国企业的生存空间。换言之,其以品牌作为整合资本、技术、市场的抓手,达到全面掌控市场主导权的目的。在"渠道为王"的时代,美国的全球最大零售企业沃尔玛,法国的超市连锁企业欧尚、家乐福等品牌,纷纷在中国各大城市攻城略地,抢占零售消费市场。汽车制造企业德国大众、美国通用、法国雪铁龙以及日本丰田、日产、本田等,要么在中国扩大生产规模,要么全力进入中国汽车市场。在中国汽车制造业中,主导品牌几乎是清一色的国外品牌。可以说,中国汽车制造业基本被国外品牌所把持,中国汽车产业的本土品牌无法实现长足发展,而品牌的溢价效益几乎全部被国外企业拿走,中国企业所从事的仅仅是产业链最低端的加工制造。尽管如此,西方发达国家仍不满足:一方面,继续强化其品牌输出、品牌扩张和品牌打压策略;另一方面,对威胁到其市场竞争力的中国品牌,在打压无效的情况下,采取怀柔政策,用资本收购的方式将中国品牌纳入旗下,使之成为其品牌链中的一颗棋子。美国可口可乐公司对汇源集团的收购就明显表现出了这一强烈意图,但遭到了商务部的反击。在这一背景下,构建中国的国家品牌,是维护国家经济安全的一个重要策略。虽然由于长期的经济落后,中国缺少参与国际竞争的强势品牌,但是,依托于中华传统文化和技艺的中华老字号是一个具有强大市场号召力的品牌资源,充分利用好这一品牌资源,就能以较小的成本与国际品牌进行竞争。因此,中华老字号品牌资源是国家品牌战略的重要基础。

二、中国民族品牌意识正在觉醒

20 世纪 80 年代,欧美企业刚刚大规模进入中国市场的时候,以合作、合资的方式对中国本土的强势品牌采取了"零容忍"政策,一方面,用它们的强势品牌、资本和技术挤压中国品牌生存空间;另一方面,在中国企业还不熟悉品牌运作的游戏规则的情况下,采用种种貌似合法的手段打压中国品牌。上海家化是著名老字号,拥有众多知名品牌,在国内市场享有盛誉。1990 年,在国产品牌纷纷外嫁之际,上海家化以旗下最具竞争力品牌"美加净"与国际品牌庄臣合作。仅仅一年,庄臣品牌悄然崛起,在中国市场攻城略地。曾在中国拥有百分之十几的市场份额的本土第一洗化品牌美加净,沦落到销售额仅有 600 万元的境地。1994 年,上海家化又与国际知名品牌联合利华合作。在联合利华引进国际品牌的同时,美加净又遭遇了一次更深重的品牌劫难。业界人士称,联合利华是中国民族品牌"杀手"。1994 年,联合利华以 1800 万美元控股上海牙膏厂,同时掌控了本土老字号知名品牌美加净和"中华"的命运。然后,又入主北京茶叶总公司,以"立顿"品牌取代了"京华茶叶"。接着再出重拳,在冰激凌行业,以"和路雪"收购中国本土品牌"蔓登琳",并取而代之。联合利华在打压中国品牌上,可谓是"杀无赦",如入无人之境。随之而来的是中国民族品牌的整体沦落和集体退场。此外,百事可乐收购"天府可乐";曾经辉煌一时的苏州"四大名旦"——孔雀电视机、春花吸尘器、香雪海电冰箱、长城电扇,前三者如今摇身一变成了飞利浦电视机、三洋吸尘器、LG冰箱，不正折射出中国品牌的无奈与挣扎吗？这也反映了我国品牌战略的缺位。近年来，闹得沸沸扬扬的娃哈哈与达能之争，本质上正是民族品牌与国际品牌的抗争。当我们的民族品牌强大到足以与国际品牌抗衡时，国外品牌方无非有两种策略：要么击垮，要么"招降"。娃哈哈敢对达能说"不"，表明了中国民族品牌意识正在觉醒。事实上，在国际品牌竞争中，中华老字号已经陷入毫无退路、必须背水一战的境地。

三、保护和振兴老字号，民族责任所系

中华老字号是我国工商业发展历史的见证者与幸存者。至今，有许多老字号仍然在新经济大潮中挺立潮头，成为我国民族经济、民族品牌的代表，老字号艰辛的经营历程是任何现代企业都难以拥有的宝贵经验与财富，是我国发展民族经济、建立民族品牌的文化与物质基础。

每一个中华老字号都是中华民族用智慧和劳动创造的，体现着中华民族的情感和智慧。中华老字号要发展，要适应时代步伐，必须不断推陈出新，借鉴流行的某些元素来丰富自身，但这并不意味着盲目向其他文化求认同，应在保持其文化个性的前提下求新求变。中华老字号在新时代的创新发展，对民族传统文化的传承和民族特色经济的发展是大有裨益的。民族传统文化和民族特色经济是我国各族人民在漫长的社会历史实践中，经过世世代代的努力探索，共同创造的宝贵财富，它源于中华民族悠久的文化历史，又植根于各族人民生产生活的沃土之中。

从我国目前的情况看，随着经济的转型和生活方式的急速变迁，现代化浪潮对民族传统文化的冲击依然猛烈，民族文化的保护仍显得十分滞后。在城市化、公路高速化等现代潮流中，城市向大型化、经济化、现代化发展，使千百年来民族传统文化赖以生存的环境受到动摇，一些有价值的民族传统文化正在消失，对中华老字号企业的生存发展土壤的破坏已经成为矛盾尖锐点。在经济层面，中华老字号又身陷传统文化的断层与外来竞争的夹击，难以实现经营突围，举步维艰。

中华老字号不仅是一种商贸景观，更是一种历史文化现象，它所秉承和传递的文化，是人类文明经典的一部分。它需要保护和拯救。今天，我们承

担着民族复兴的伟大使命,在这个有能力保护和发展好这一历史文化遗存的时代,我们这代人当以长远的眼光,承担起保护和发展中华老字号的历史使命,对子孙后代负责,不让历史文脉在自己手中断层。

总之,中华老字号是民族文化遗产的重要组成部分,中华老字号的商业文化理念负载着中华民族的价值取向,影响着中华民族的生活方式,凝聚着中华民族的自我认同,抢救和保护中华老字号,应该是全社会的共同责任,是建设社会主义先进文化、共建和谐社会的体现,其重大的现实意义和深远的历史意义是不言而喻的。

第二节　品牌安全是经济安全的重要组成部分

随着全球经济和文化一体化不断推进,发达国家在向发展中国家输出产品、掠夺市场的同时,为了维护其市场霸主地位,严格控制核心技术、资源和品牌输出,试图把发展中国家当作永久性产品输出市场。这种策略严重制约了被输出国的经济发展,侵害了发展中国家的核心利益,客观上造成了国际经济秩序不平等,严重危及发展中国家的社会稳定、经济发展和人民福祉。因此,发展中国家应把维护国家经济安全放在重要的战略位置给予高度重视,并从立法和政策方面采取针对性措施。

1949年中华人民共和国成立后,首要任务是发展经济、巩固新生政权,中国亟须通过打开国门、争取外援,来为一穷二白的国民经济输血。由于计划经济体制和意识形态等原因,中国当时的对外经济活动主要局限于同以苏联为首的东欧社会主义阵营的国家开展经济合作,这种合作总体上来说是友好互助型的,对顺利完成中国第一个五年计划发挥了重要的作用。苏联及东欧各国与中国的经济合作,主要是资金、技术和现代化设备输出,民用产品合作不是很多,也还没有通过品牌战略来影响中国经济的发展进程。虽然也有一些品牌在中国具有了一定的知名度,如伏尔加轿车、伏特加白酒,但由于销售量很少,在整个国民经济中的影响很有限,对中国的经济安全没有构成任何威胁。中国也没有意识到需要通过建构国家品牌战略来提

升经济的核心竞争力,维护国家的经济安全。因此,国家品牌战略建构始终
是中国经济运营中的一个薄弱环节。此外,在计划经济体制下,市场竞争机
制的缺失以及长期以来的闭关锁国,进一步制约了中国国家品牌战略的提
出与实施,给以后的国民经济发展和参与国际竞争埋下了严重的隐患。品
牌战略与市场经济的竞争格局是相辅相成的,或者说,品牌战略就是市场竞
争的产物。改革开放后,中国实行社会主义市场经济,全面参与国际市场竞
争,中国在品牌战略中的短板开始越来越明显地表现出来。

　　1978年实行改革开放的基本国策后,国门重新打开。但这次中国面对
的合作伙伴,在意识形态上是竞争甚至是敌对的。只是因为经济上的相互
需要而展开了合作,这种合作本质上就是各取所需的一种竞合博弈关系,是
一种基于经济利益的合作。但是,西方发达国家从利益出发点来说,是不愿
意看到中国经济发展的,更不愿意看到中国强大到能够与之抗衡,在国际舞
台上有强势的话语权。而且,以美国和欧盟为代表的西方经济体,还经常打
着人权的幌子对中国进行经济制裁。这表明了改革开放后,中国经济发展
的国际环境并不是歌舞升平的,而是充满了暗礁和险滩。西方发达国家总
是要以种种理由来给中国的经济发展设置障碍和迷局,通过各种策略来打
压中国这个潜在的竞争对手,用资本、技术、知识产权和品牌等手段来对中
国经济的发展进行渗透与控制。其中,西方发达国家针对中国实施的品牌
竞争战略,就是对中国经济进行打压、控制与渗透的重要环节。这种客观的
情势决定了中国在进入全面改革开放、参与国际竞争以后,面对全球产业链
分工,不能一味地充当一个参与者的角色,而是必须保持清醒的意识,从国
家经济安全的战略高度来制定国家品牌战略,争当国际经济的主导者和游
戏规则的制定者。对西方发达国家既要合作又要斗争,着力维护国家经济
安全,否则中国经济发展中的品牌话语权就有可能掌控在别国手中,中国就
有可能变成西方发达国家倾销产品的最大市场,在国际产业链分工中沦落
为西方发达国家的加工厂,永远充当低端产业链的伴随者角色。这并非危
言耸听,在改革开放初期,中国已经吃过很多苦头,这是用血的代价换来的
教训。

　　品牌安全是经济安全的一个重要组成部分。1992年,邓小平在珠海视

察时就指出："我们应该有自己的拳头产品，创造出自己的世界品牌，否则就要受人欺负。"邓小平从国家经济安全的高度阐述了国家品牌战略的意义，也说明了国家品牌安全是国家经济安全的重要组成部分。2010年，我国国内生产总值已经超过日本，成为世界上第二大经济体。然而，必须清醒地看到，中国的经济发展质量不高，人均GDP与发达国家相比还有很大差距，产业结构表现为对国际市场依存度很强，产品附加值低的问题没有得到有效解决，以低价格参与国际竞争的态势没有得到根本改变。低价格竞争必然要传导到成本环节，大多数企业都是通过压低工人工资、减少甚至取消工人福利、掠夺式开发和使用资源来降低生产成本，带来了很大的生态环境压力和社会成本负担，给社会和谐埋下了极大的隐患。因此，中国不少有识之士提出，必须加快推进国家品牌战略，通过"互联网＋"、人工智能和物联网等新技术革命，培育经济发展新动能，打造新的经济增长极，提高产品的附加值。中央和各级地方政府为推进国家品牌战略出台了许多方案，制定了经济转型升级的宏观政策，在维护国家品牌安全这一道路上走出了有决定意义的一步。

今天，中国的经济实力已经位居全球第二，在国际舞台拥有了一定的话语权，已经对欧美产品形成了强大的竞争威胁，当务之急是通过国家品牌战略来提升我国在全球经济中的核心竞争力，借势网络经济和智能技术，实现弯道超车，从"中国制造"跃升到"中国创造"，切实维护国家经济安全。

第三节　中华老字号与国家品牌战略

一、老字号是中华民族商业文化的活化石

老字号是中华民族商业文化的活化石，承载着浓厚的文化记忆和民族情感。中华人民共和国成立之初，我国尚有1万多家老字号。经过公私合营改造后，由于社会变迁和经营不善，到20世纪90年代初，老字号存量急剧下降。1991年，国内贸易部开始推动中华老字号振兴工作，认定了1600余家

中华老字号。最初，国内贸易部打算以"中国老字号"命名，原北京商学院的一位教授认为，"中国"是国家概念，"中华"是民族和文化概念，建议使用"中华老字号"，被政府部门所采纳。时隔 15 年，商务部于 2006 年重新启动中华老字号国家品牌战略，总结了以往中华老字号认定中存在的问题，认为中华老字号认定必须首先有法律法规依据，因此从建章立制入手，颁布了《"中华老字号"认定规范（试行）》，实施"振兴老字号工程"，着手在 3 年时间内认定 1000 家中华老字号。随后，浙江省、江苏省、湖北省等地的商务厅和老字号协会也开展了地方性老字号认定工作，为中华老字号振兴的全面推进发挥了重要作用。

商务部以中华老字号认定为契机，扶持了一批具有浓厚民族文化底蕴、享有良好信誉、具有市场竞争力的老字号品牌。这是维护国家品牌安全的重要战略举措。改革开放 40 年来，随着经济实力的增强，中国形成了一批具有国际影响力的品牌，但是与国际一线品牌相比还有很大的差距。一个真正的国际品牌的形成需要至少几十年甚至上百年的积淀，国际著名品牌的培育概莫能外。中华人民共和国成立后，现代工业起步较迟，加上后来的"文革"等政治运动的折腾，始终没有形成打造国际品牌的外部条件。因此，如果寄希望于以近几十年形成的品牌为主打造国际品牌，显然是不现实的。中华老字号拥有至少半个多世纪乃至上百年的历史，放弃这一最珍贵的品牌资源，无异于舍本逐末。

二、老字号是中国经济实现新跨越的引擎

中国民族品牌将是推动未来 30 年中国经济转型升级的核心因素，也是中国经济实现新跨越的引擎。经过 40 年的改革开放，中国的经济实力已经达到世界第二，出口额稳居世界第二，以轻工、机电产品等为主导的诸多品类的市场份额已稳居世界第一。此外，过去以劳动密集型和资源消耗型加工业为主导的低附加值产业结构形态，已经转向以技术创新和品牌营销为主导的高附加值产业结构形态。因此，必须从国家战略的高度来重新审视品牌策略。国家品牌战略将是今后中国产业转型升级的必然选择和趋势。但是，必须清醒看到，在全球 100 强品牌中，中国品牌的身影并不多见；尤其

是过去 40 年中,在生产能力快速提升的同时,民族品牌没有得到茁壮成长,尤其是以中华老字号为代表的民族品牌,"弱、小、散、乱"的状况没有得到明显改善,难以形成合力与国际强势品牌竞争。无论是在企业层面还是在国家层面,都缺乏对老字号品牌战略的长远规划和整体规划,这在很大程度上限制了民族品牌的发展与创新。

中华老字号是中国优秀的民族品牌资源,是属于全人类的非物质文化遗产。根据《"中华老字号"认定规范(试行)》的定义,中华老字号是指:"历史悠久,拥有世代传承的产品、技艺或服务,具有鲜明的中华民族传统文化背景和深厚的文化底蕴,取得社会广泛认同,形成良好信誉的品牌。"商务部以"振兴老字号工程"为契机,实施民族品牌战略、促进企业发展。北京、上海、天津、浙江、湖北等地方政府也把振兴中华老字号作为推动地方经济发展和实施品牌战略的重要举措。各级政府的重视和推动,为中华老字号的振兴和崛起创造了良好的社会环境。

三、中华老字号对国际品牌具有强大的抗衡能力

中华老字号或历史悠久,或品质精优,或风味独特,或信誉卓越,每一个中华老字号都在国人心中打下了深深的文化与情感烙印,所承载的历史文化价值是任何一个现代品牌无法比拟的。它们以纷呈的识别系统述说着中国元素的东方魅力和神秘个性,以焕发生机的老宅述说着中国文化的博大精深与包容开放。[①]

中华老字号经过千百年的积淀,浓缩了中华民族丰富的文化记忆,经受住了历史的考验,具有很强的感召力、吸引力和亲和力,能够作为传播中国文化的纽带,形成鲜明的中国特色,因而足以形成对国际品牌的强大竞争力与抗衡能力。当今,国际许多著名品牌,尤其是顶尖的奢侈品牌,如路易威登、欧米茄、劳斯莱斯、劳力士等,无一不是国外的老字号品牌。这些品牌不仅传承了其民族优秀文化和商业智慧,而且通过现代商业运作,焕发了勃勃生机,成为市场竞争中的佼佼者。同理,中华老字号也是大有可为的。

---

① 胡晓云.老字号,以自己的方式述说着中国[J].中国广告,2010(2):62—63.

　　"越是民族的，就越是世界的"，中华老字号能够将自身的民族文化优势转化为品牌的差异化竞争优势。现代工业生产的基本特征就是产品和工艺的高度同质化，品牌是克服产品同质化的一种重要策略。中华老字号往往有独特的工艺，因而不仅具有充分的产品差异化的基础，同时还具有品牌差异化的积淀。这种双重差异化无疑是打造现代民族品牌不可多得的资源。充分利用好这一资源，必将大大提升中国民族品牌的成长速度。

　　中华老字号在国际品牌的围追堵截之中，通过现代市场竞争的砥砺与洗礼，越来越具有旺盛的活力，不断焕发出新的竞争力与市场活力。人们耳熟能详的中华老字号如全聚德、王星记、同仁堂、茅台、东来顺、胡庆余堂、五芳斋、东福园、缸鸭狗等，通过引进现代企业制度和营销方式，进行品牌创新和技术创新，获得了巨大的发展空间。绍兴塔牌黄酒与日本最大的清酒企业合作，利用其完善的营销渠道成功进入日本市场，迅速拓展了海外业务，并获得巨大成功。塔牌黄酒占据了日本 40％的黄酒市场份额，在国内黄酒出口量中保持第一。在国内市场，塔牌黄酒则与全聚德结成战略合作伙伴，强强联合、优势互补，采用品牌联盟的方式，借助全聚德的渠道，迅速进入餐饮消费市场，实现了老字号的双赢。同仁堂是中药行业著名的老字号，创建于清康熙八年（1669），历代经营者恪守"炮制虽繁必不敢省人工，品味虽贵必不敢减物力"的古训，使这一老字号品牌历久弥新。在新时代，同仁堂通过资本运作，成为上市公司，并把高新技术运用到中药制造中，逐步实现中药生产的现代化、国际化。目前开发生产了 20 个剂型 200 多个品种的中成药，成功实现了老字号由传统品牌向现代品牌的转型，而且带动了中国中药行业走向国际市场。中华老字号五芳斋原本是粽子品牌，年销售额几亿元。五芳斋不满足于原有的品牌定位，对自身品牌资源进行了拓展，以老字号品牌为依托，延伸出米业、快餐业等新业态，年营业额达到几十亿元，品牌优势得到了充分发挥。

本章小结

中华老字号是历经千百年之久积淀下来的民族文化记忆的内容。它来自民族记忆的深层，积淀了丰富的地方性知识和民间智慧，保持着比较纯正的地方性文化身份标志，能投射出较为原始的、真实的民族文化影像。

只要进行品牌与管理创新，引入现代企业制度、先进技术和营销理念，中华老字号一定大有可为，可以成为国家品牌战略的重要支点，推动中国产业结构的转型与升级。

第三章　品牌魅力:中华老字号的情感体验

　　技术革命、渠道策略等固然能够带来企业业绩的提升,但是要赢得消费者的共鸣、创造长期的品牌价值,企业需要从情感的角度分析品牌信仰机制。很多企业往往只是把产品置于货架上或店铺内,却没有赋予它们更多的价值。对于产品或服务,仅凭独特的销售方式和与众不同的功能属性,并不能满足消费者的更高需求,也不能满足企业长期的利益需求。能够让消费者感觉更好、能够让消费者更喜欢的产品,可称之为赢得了"消费者偏好"的产品。"消费者偏好"可以帮助企业带来更多的销量,因为品牌能够激发精神和情感的共鸣,企业在品牌战略方面犯错误通常是因为坚信品牌仅仅关乎市场份额。

　　可口可乐、奔驰、路易威登和 IBM 等公司背后的消费者,并不仅仅作为产品功能需求的消费者而存在,他们往往会对品牌表现出一种几乎可以称得上宗教信仰一样的狂热情感。因为品牌不仅占领了消费者的心智,更给消费者带来了强烈的文化认同和情感体验。作为一种民族文化情感的符号,中华老字号如何在传统文化断层与外来竞争的夹击之中塑造民族品牌的信仰机制呢? 在品牌经营中,触达情感是品牌成功的关键所在。创造能够令消费者产生情感认同的品牌,并将之植根于对消费者内心最深处的情感渴望的深刻理解与尊重,是中华老字号创新与发展的重要路径。

第一节　中华老字号的情感碰撞

　　在未来的消费场所中,"购买"作为一种纯粹的消费行为将不复存在,取而代之的将是"购买的艺术"，即消费者在购买过程中能够获得充分的情感体验和文化感知——除了购物场景具有浓厚的艺术氛围之外，营销人员与消费者的沟通方式也充满了艺术的表现力和感染力。因此，"购买的艺术"与其说是一种购买行为，不如说是一种对品牌的情感体验。

品牌是一种把企业和消费者联系起来的鲜明特色和长期的承诺，它暗示了一种信任，一种消费者所期望的质量和价值。品牌应当与创新性的产品相结合，并在文化上具有相关性，符合时代进步的潮流，同时具有社会敏感性，而且在人们的生活中随处可见，与人们进行着无处不在的接触和交流。消费者对品牌的感情越深，其与企业建立的关联就越紧密，品牌的价值就越高。与消费者建立一种恰如其分的情感，是一个品牌能够做的最重要的投资。它是品牌对消费者所做的承诺，允诺引领他们领略这个品牌的世界所拥有的美妙之处。以苹果公司的零售店为例，毫无疑问，这些门店卖的是品牌产品，但是这些门店还提供一种体验（它们本身也是这一体验的构成要素），目的就是让消费者把苹果公司视为一种体验和一种风格，而这就是消费者真正购买的东西。

今天的消费者，期望他们所消费的品牌能够理解和亲近他们，对他们有个性化的认识，对他们的需求以及价值取向有深入而透彻的了解。今天的消费者，追求并且正在重新定义生活质量，他们通过为自己的选择和决策增添一个前所未有的个人的、情感的维度来满足自己的愿望。日益渗透的"生活质量"理念影响了消费者对于新产品或者新的营销理念的接受度。例如，人们之所以去星巴克喝咖啡，有相当一部分原因是为了享受星巴克刻意营造出来的充满想象力的、有趣的、富有西雅图地方风情的氛围。

对于中华老字号来说，品牌竞争是一个较以往更加巨大的挑战，新的品牌模式正在崛起，并对中华老字号的品牌发展路径产生了深刻影响。中华老字号经营的绝不仅仅是产品本身，更重要的是创造一种文化体验、引领一种生活方式，唤起消费者对老字号及其所承载的中华传统文化的认知与体验热情。概言之，中华老字号品牌发展的路径在于洞察消费者的内心需求，为消费者带来令人愉悦的、能提升生活质量的产品解决方案。

第二节　中华老字号的怀旧驱动

品牌具有浓厚的主观色彩，是人类借助产品——符号的形式对心灵的体验。在生产力水平还比较低下的时代，人们的消费行为是以满足基本的生理需求为主要目的，物质化的生产与消费导向限制了品牌精神内涵的空间与发展方向。在今天，人们普遍追求个性化体验，品牌确证了个体的心理轨迹和个性化感受。关注品牌，就必须真正地重视人的内心需求，关注人的精神世界。

怀旧是人们感时伤怀的一种情绪，是人们有关过去的一种含有情感的记忆。它是某种朦胧暧昧的、有关过去和家园的审美情愫，不仅象征了人们对那些美好的却一去不复返的过往的珍视和留恋，还隐含了人们的某种情感需求和精神冲动。

今天，怀旧的回归趋势随处可见，如怀旧服饰、怀旧歌曲、怀旧电影、怀旧建筑等。在某种程度上，作为一种古老情绪的怀旧，如今已成为新的大众消费热点。

消费者往往对那些能够引起对过去念想的东西产生强烈的情感，进而被激发出强烈的购买欲。有怀旧心理的消费者总是将旧时的产品与高品质、美好相联系，他们通常对过去的产品品质给予较高的评价，认为过去的产品就是质量的象征；对于老式的产品，他们表现出更高的支付溢价的意愿。显然，怀旧心理加强了消费者与品牌之间的情感连接。

中华老字号有太多经典而古老的元素，有太多脍炙人口的故事和传奇。中华老字号可以通过维护自身经典的、不变的元素来勾起消费者的正面回忆和情感，通过这种复杂的情感关联方式将产品与消费者联系起来。比如北京的全聚德，它所提供的绝不仅仅是烤鸭本身，人们在品尝烤鸭的同时，对烤鸭的工艺、历史和饮食艺术，店面古香古色的装潢，与店内氛围相映衬的京腔京韵等元素，会产生一种立体感受，而这些元素又处处唤起人们的怀旧情结。

这样一个怀旧情绪浓烈的时代，为中华老字号的复兴提供了绝佳的机遇。中华老字号可以通过产品承载的中国传统文化特色与经典元素，打造令人回味与沉醉的怀旧式消费场景。中华老字号具备这种优势。

本章小结

曾经有过辉煌品牌历史的中华老字号该如何在社会的巨变中塑造令人心动的品牌形象呢？中华老字号需要集中精力在新的时代赋予品牌丰富的精神内涵。其中的关键在于找到联结消费者的情感纽带，打造能够引发消费者强烈情感反应的品牌形象。这里的"情感"指的是一个品牌在感觉和情绪的层面对人们的影响与触动，一个品牌正是借由情感的交流走进人们的生活，与人们缔结一种更深层次的、持久的亲密关系。

第二编

中华老字号的保护和振兴

第四章　中华老字号的知识产权保护

当前,我国各地老字号企业在政府的支持下,渐渐呈现出欣欣向荣的局面,不过其中也存在着一些问题,尤其是法律问题。第一,老字号的效力范围模糊,字号、商标、著作权冲突时有发生,老字号遭遇"撞车""搭便车""傍名牌"等同名尴尬的情形层出不穷,张小泉、御生堂、同仁堂、狗不理这些耳熟能详的老字号都曾有过相似经历,甚至被卷入无休止的纠纷之中,严重影响了老字号企业的正常经营和健康发展。第二,老字号侵权法律责任制度缺失,无法维护老字号企业的合法权益。在市场经济条件下,老字号企业由于其无形资产的可利用性,很容易受到其他市场主体的不当侵害,而法律救济的不力,又使老字号企业面临比一般企业更大的困难。第三,老字号在现实中有被滥用的趋势,一些尚不能被称为老字号的企业借着老字号名义大做广告,享受老字号的权利而不承担老字号的义务,对真正的老字号的产品信誉和厂商信誉造成不利影响。

从当前立法状况看,我国制定的《企业名称登记管理规定》、《中华人民共和国公司登记管理条例》、《中华人民共和国产品质量法》(后简称《产品质量法》)、《中华人民共和国反不正当竞争法》(后简称《反不正当竞争法》)、《中华人民共和国消费者权益保护法》(后简称《消费者权益保护法》)、《中华人民共和国商标法》(后简称《商标法》)对相关行为虽然做了一些相应规定,但是,由于对传统老字号的商号权的保护没有统一的立法,在老字号的商号登记,老字号的商号权的取得,老字号的构成条件、评估、投资、转让、侵权责任以及老字号的管理等内容上,法律都存在着空白。这些法律法规制定之时,法治建设尚处于初期,人们对老字号法律保护的理解还处在未明状态,并不成熟,因此老字号商号权的法律保护也不可能作为一种普遍性的观念为立法者接受。这使得通过法律保护老字号存在很大的困难。

第一节　商号权的国际规定和国际保护

老字号是中国民间用语,从法律角度来说,其实质是商号权。纵观世界各国的现行法律,均无"老字号"这一说法,因此我们从商号权角度展开讨论。

一、日本《商法》《不正当竞争防止法》中与商号有关的规定

日本《商法》对商号的法律保护作出了较为全面的规定:①关于商号的选定与登记。商人可以用其姓名或者其他名称作为商号,公司的商号应依公司种类分别标明。商号一经登记,即产生商号的专有权,在法定区域内,他人不得再为相同的商号登记,经营相同的营业。②关于商号的使用。非公司不得在商号中标明"公司"字样,否则即构成公司商号的不正当使用;对于已登记的商号,不得以不正当竞争为目的而使用相同或类似的商号。也不得怀有不正当目的,使用令人误以为是他人营业的商号,否则,已登记商号的人可请求停止其使用,并可请求损害赔偿。此外,在法定范围内为经营同一的营业而使用他人已登记的商号的,推定其为以不正当竞争为目的的使用;同时,凡允许他人使用自己的姓、姓名或商号进行营业的,对误认自己是营业主而进行交易的人,因其交易行为所发生的债务,与他人负连带偿债责任。③关于商号的转让。转让的商号未经注册登记,则不能对抗第三者。同时,商号只能与营业本身一同转让或于营业废止时才能转让。在转让营业的情况下,在法定期限和范围内,转让人不得从事相同的营业。另外,营业受让人继续使用转让人商号时,对转让人因营业而产生的债务,亦负偿债责任,除非受让人在转让营业后即时将不继承债务的意见进行登记或向第三者通知。④关于商号的废止。登记商号者无正当理由在两年内没有使用商号时,视为商号作废。在废除或者变更商号的情况下,原来登记商号的人不进行废除或变更登记时,利害关系人可以请求登记机关注销其登记。为

了配合上述规定的实施，日本 1963 年制定的《商业登记法》专设"商号的登记"一节，规定禁止类似的商号登记、变更、转让、继承和注销等事项，这些规定在商号的法律保护方面是必不可少的。

此外，日本《反不正当竞争法》对商号的保护采取了严格的措施。日本《不正当竞争防止法》第 1 条规定：使用众所周知的他人的姓名、商号等与他人的商品标记相同或类似的标记，而与他人的商品产生混淆的行为；使用众所周知的他人的姓名、商号等与他人营业上的标记相同或类似的标记，而与他人营业上的设施或活动产生混淆的行为，均为该法所禁止的不正当竞争行为，因此类行为使营业上的利益可能蒙受损害者，有权要求停止该项行为。同时，法院可以根据被害者的请求，命令侵权人采取必要措施补偿损失或者在赔偿损失的同时恢复被害者在营业上的信誉。

二、《保护工业产权巴黎公约》等国际公约中有关商号权保护的规定

《保护工业产权巴黎公约》（以下简称《巴黎公约》，中国 1985 年正式成为该公约成员国）第 1 条明确规定把商号或厂商名称同发明专利、商标、制止不正当竞争等并列作为工业产权的保护对象，同时它还规定厂商名称在一切本同盟成员国内受到保护，无须申请或注册，也不论其是否为商标的组成部分。依据上述规定，各缔约国均应承担公约义务，并将其精神体现于国内法之中。事实上，这样的条例早已有之，如美国的联邦商标法《兰哈姆法》规定其所保护的可注册"标记"不包括商号。但该法第 44 条却规定，如果某一当事人所在的国家是与美国同属有关商号或商业名称的任何国际公约或协定的成员国，该商号或商业名称可以在没有进行注册申请或注册的情况下得到保护，而不管该商号或商业名称是否属于"标志"的一部分。这种对外国公民或法人的商号的保护，就是美国依据国际公约所作出的一种例外规定。此外，为了加强对商号的法律保护，《巴黎公约》还在第 9 条中规定了进口扣押制度。其主要内容为：①对一切非法带有在成员国受法律保护的商号的商品，成员国可在其输入该国时予以扣押；②扣押应按各国国内法规定，依相关机关或当事人的请求执行；③如一国法律不允许在进口时扣押，得代之

以禁止进口或在国内扣押。不管怎样,在一国法律做出相应修改前,应代之以按该国法律在此情况下对其国民采取的行动和救济办法。另外,《巴黎公约》第 10 条还规定,凡在工商业活动中违反诚实经营的竞争行为即构成不正当竞争行为,特别要禁止采用任何手段使竞争对方的企业、商品或工商业造成混乱的一切行为。而以不正当竞争为目的使用他人商号的行为恰属于此类行为,因此必须严加禁止。为此,《巴黎公约》要求各成员国对其他成员国国民必须保证采取适当的法律补救措施,以有效地制止侵犯他人商号及以商号进行不正当竞争的行为。

除了《巴黎公约》的上述规定外,《发展中国家商标、商号和不正当竞争行为示范法》(以下简称《示范法》)的第 47—49 条对商号的法律保护作了如下规定:①一个名称或称呼,如果由于其性质或其使用,违反道德或公共秩序时,尤其是如果容易在该名称所指的企业的性质上对贸易界或公众产生欺骗时,不得用为商号。②尽管任何法律或规章规定了任何登记商号的义务,这种商号即使在登记前或者未登记,仍然受到保护,并可以对抗第三者的非法行为。尤其是,第三者在后来使用该商号,不论是作为商号使用,还是作为商标、服务商标或集体商标使用,并且类似商号或商标的这种使明可能使公众误解,即视为非法。③商号可以转让或移转,但只能随同由该商号所指的企业或部分企业一起移转。商号的转让以书面为之,并应由合同当事人签字;由于合并或继承的其他形式所做的移转,可以通过证明这种移转的任何文件为之。应当说,《示范法》在吸纳《巴黎公约》基本精神的同时,对商号的法律保护更为具体、全面。《示范法》第 6 条明确规定:与第三者在该国已经使用的商号相似,以致容易让公众引起误解的商标,而且申请人知道或者不可能不知道这种使用情况的,当不予承认。

《与贸易有关的知识产权协定》(*Agreement on Trade-Related Aspects of Intellectual Property Rights*,简称 TRIPs)第 16 条也规定:商标权不得损害任何已有的在先权,也不得影响成员依使用而确认权利效力的可能。当然,TRIPs 对在先权的范围规定并不具体,没有明确究竟包含哪些权利。《巴黎公约》中将"厂商名称权"列为"工业产权"。在关于修订《巴黎公约》的讨论中,一些非政府间国际组织比较一致地认为:可对抗注册商标的"在先权"，至少应包括已经受保护的商号权、已经受保护的工业品外观设计权、已经受保护的原产地地理名称、姓名权、肖像权等。

三、有关商号权"优先权"的国际规定

许多国家已经开始从立法角度重视对商号权的法律保护，欧美国家比如法国、德国、美国、丹麦等国的商标法及 TRIPs，为减少和避免商标权与商号权等其他权利发生冲突，经常采用规定优先权并对其范围和使用条件予以界定。这些国家的商标法规定的在先权范围，大多包括在先的商号权。有的国家的商标法在赋予商号权、名称权以在先权资格时，附有条件。如法国、美国的商标法要求以商标与名称、字号的并存有混淆危险为条件，德国的商标法则要求以在先名称或字号依法在全国范围内享有禁止在后名称或字号申请商标使用的权利为条件。

世界上许多国家在立法中有商标权的取得不得与在先权相冲突的规定（即在先权的问题），其中包括：①在先权人有权依法定程序阻止在后的商标注册申请；②商标权取得后，可据以对抗侵权行为，但在先权人仍可要求对商标权宣告无效；③如一国商标法规定企业取得的是非全国有效地区性商标权，则另一个地区的申请人可取得同一商标；如一商标的注册，即便存在与在先权的冲突，在先与在后的权利可以合法地并存。至于在先权的范围，各国法律规定则不相同。有的只规定在先商标权以外的其他在先权的定义，比如英国商标法等；有的只提到在先商标权和商号权，比如美国联邦商标法；有的则一一列出各类在先权利项目，比如法国知识产权法（1992 年）德国商标法（1994 年）等。

第二节　中华老字号商号权保护的法律法规

字号是指经营体的名称，在传统习惯中，字号的前后一般不附带区域、行业、组织形式，且字号与商号含义大致相同。我国现行法律规定，企业名称除行政区划外，应由商号、行业或经营特点、组织形式组成。在过去独立

作为企业名称的字号、商号，现在则成了企业名称中的核心部分，同行政区划、行业或经营特点、组织形式一起，共同构成企业名称而受到法律的保护。但我国目前还没有直接规定商号权的法律法规，也就是说现行法律还不承认和保护企业的商号权，更不用说对老字号的商号权进行保护。目前在国内只能通过有关企业名称的民事法律规定和依据《反不正当竞争法》《商标法》《中华人民共和国商标法实施条例》《企业名称登记管理规定》《产品质量法》《消费者权益保护法》等法律规定，间接地保护商号权。事实上，我国早在 1950 年就由当时的政务院颁布行政法规以规范对企业名称的登记管理。实行对外开放政策以来，名类企业发展迅速，企业名称的混同以及因侵犯企业名称权而发生的纠纷屡见不鲜，在很大程度上扰乱了社会正常的经济秩序，对权利人和广大消费者的利益造成了损失。我国现行法律体系中涉及商号权保护的有关法律规定介绍如下。

一、《中华人民共和国公司登记管理条例》中有关商号权的内容

该《条例》第 11 条规定，公司名称应当符合国家有关规定，公司只能使用一个名称，经公司登记机关核准登记的公司名称受法律保护；第 18、19 条规定，设立公司应将申请名称预先核准，并分别规定了有限责任公司、股份有限责任公司申请名称预先核准的办法，预先核准的公司名称保留期为 6 个月，在保留期内，该名称不得用于从事经营活动，不得转让。

二、《企业名称登记管理规定》中有关商号权的内容

关于企业名称构成的限定内容。按照该规定，企业只准使用一个名称。如确有特殊需要，经省级以上工商行政管理机关核准，可以使用一个从属名称。企业名称一般应由字号（或者商号）、行业或者经营特点、组织形式构成，前面还应冠以所在地行政区划名称，但也有例外（如《企业名称登记管理规定》第 7 条第 3 款和第 13 条）。第 9 条规定企业名称禁用下列内容和文字：①有损于国家、社会公共利益的；②可能对公众造成欺骗或者误解的；③外国国家（地区）名称、国际组织名称；④政党名称、党政军机关名称、群众组织名称、社会团体名称及部队；⑤汉语拼音字母（外文名称中使用的除外）、

数字；⑥其他法律、行政法规规定禁止的。该规定还对以自然人姓名作为企业名称及企业的总机构和分支机构的名称使用做了详细的规定。

关于企业名称权的登记注册和其专用权的范围。根据该规定，我国实行企业名称的强制登记原则，任何商事主体要想取得企业名称权，必须向国家工商行政管理总局①或地方各级工商行政管理局登记，登记注册后享有在登记机关所辖行政区域内专用的权利。

关于企业名称发生争议的处理原则。《企业名称登记管理规定》指出：企业名称发生争议，按申请登记注册的先后顺序处理，同一天提出申请的，由企业协商解决，协商不成的，由登记机关裁决。另外在关于企业名称权的转让上，《企业名称登记管理规定》禁止企业名称权单独转让，必须随企业或企业的一部分一并转让，并且只能转让给一户企业，其转让行为须由双方签订书面合同并报原登记机关核准后方能发生法律效力。

三、《产品质量法》中关于商号权保护的内容

该法第 5 条规定，禁止伪造产品的产地，伪造或者冒用他人的厂名、厂址。该法第 30 条、37 条还规定：生产者不得伪造产地，不得伪造或冒用他人的厂名、厂址；销售者不得伪造产地，不得伪造或者冒用他人的厂名、厂址。第 53 条规定："伪造产品产地的，伪造或者冒用他人厂名、厂址的，伪造或者冒用认证标志等质量标志的，责令改正，没收违法生产、销售的产品，并处违法生产、销售产品货值金额等值以下的罚款；有违法所得的，并处没收违法所得；情节严重的，吊销营业执照。"第 57 条规定："产品质量检验机构、认证机构伪造检验结果或者出具虚假证明的，责令改正，对单位处五万元以上十万元以下的罚款，对直接负责的主管人员和其他直接责任人员处一万元以上五万元以下的罚款；有违法所得的，并处没收违法所得；情节严重的，取消其检验资格、认证资格；构成犯罪的，依法追究刑事责任。产品质量检验机构、认证机构出具的检验结果或者证明不实，造成损失的，应当承担相应的赔偿责任；造成重大损失的，撤销其检验资格、认证资格。产品质量认证机构

---

① 2018 年 3 月，不再保留国家工商行政管理总局，组建国家市场监督管理总局。

"永禁冒用"碑

违反本法第二十一条第二款的规定，对不符合认证标准而使用认证标志的产品，未依法要求其改正或者取消其使用认证标志资格的，对因产品不符合认证标准给消费者造成的损失，与产品的生产者、销售者承担连带责任；情节严重的，撤销其认证资格。"

　　杭州刀剪品牌"张小泉"自早前出名以来就招来很多冒牌，在光绪年间因掌管人孙氏拦轿控告商家冒牌，得官府刻碑"永禁冒用"立于店门。而"张小泉"和上海刀剪总店始于1999年的品牌官司直至2006年方告结束，其间颇多波折。

四、《反不正当竞争法》中关于商号权保护的内容

该法第 6 条规定："经营者不得实施下列混淆行为,引人误认为是他人商品或者与他人存在特定联系:(一)擅自使用与他人有一定影响的商品名称、包装、装潢等相同或者近似的标识;(二)擅自使用他人有一定影响的企业名称(包括简称、字号等)、社会组织名称(包括简称等)、姓名(包括笔名、艺名、译名等);(三)擅自使用他人有一定影响的域名主体部分、网站名称、网页等;(四)其他足以引人误认为是他人商品或者与他人存在特定联系的混淆行为。"

五、《消费者权益保护法》中关于商号权保护的内容

该法第 21 条规定:经营者应当标明其真实名称和标记;租赁他人柜台或者场地的经营者,应标明其真实名称和标记。第 56 条规定,如果经营者伪造商品的产地,伪造或者冒用他人的厂名、厂址,则依《产品质量法》或其他法律法规进行处罚,若法律法规未作规定,则由工商行政管理部门或其他有关行政部门责令改正,视其情况单处或并处警告、没收违法所得,处以违法所得 1～10 倍的罚款,没有违法所得的,处以 50 万元以下的罚款。情节严重的,责令停业整顿,吊销营业执照。

由上述分析可见,我国有关商号保护的法律规范散见于各类法律规定中,并且主要见于企业法和各类市场规制法。国内法目前虽无对商号权的直接保护,但从知识产权这一角度出发首先可通过国际公约实现域外保护。《巴黎公约》将商号列入工业产权保护对象的范围,其第 1 条规定:①适用本公约的国家组成联盟,以保护工业产权;②工业产权的保护对象有专利、实用新型、外观设计、商标、服务标记、厂商名称、货源标记或原产地名称和制止不正当竞争。第 8 条规定:厂商名称应在本联盟一切国家内受到保护,没有申请或注册的义务,也不论其是否为商标的一部分。世界知识产权组织的《发展中国家商标、商号和不正当竞争行为示范法》也对商号权的保护做出了示范性规定。传统老字号可以通过这些直接保护商号的国际法,实现域外保护。此外,还可通过申请驰名商标实现国内和域外保护。《巴黎公

约》第6条第2款对驰名商标给予了特别保护,规定不论是注册的还是没有注册的驰名商标,都可以对抗与其相同或近似的商标获得注册。我国《商标法》虽然未对驰名商标的保护和认定做出明确规定,但我国于2003年6月1日起施行的《驰名商标认定和保护规定》较之以前加强了对驰名商标的保护力度,并做到了与国际公约的接轨。无论是已将老字号注册商标的还是未注册的,只要该老字号满足"相关公众广为知晓"和"享有较高声誉"两个基本条件,应主动申请中国驰名商标的认定,纳入驰名商标名录;也可以在认为受到侵害时,事后提出认定和保护申请。

第三节　中华老字号商号权法律保护存在的问题

当今各国主要将商号权作为工业产权加以保护,应当看到,我国在此方面的行动远远滞后于现实的需要和历史的潮流。我国老字号商号权的法律保护存在着不少问题,总的来讲体现在两大方面。

一、立法方面

第一,老字号商号权的保护没有统一的立法,老字号商号没有明确的法律概念。德、日等国对商号的保护都在商法典里有专章规定,而我国由于没有统一的商法典,所以对商号的法律保护只能在一些法规和条例中零星体现。老字号的法律保护则更是空白。例如,虽然《企业名称登记管理规定》和《企业法人登记管理条例》都有商号登记方面的规定,《著作权法》对商号中的图案设计做出了规定,《商标法》和《反不正不竞争法》也有相应的规定,但都没有明确提出老字号的商号概念,商号权未能作为一种知识产权在我国的立法中得到体现。这反映出我国当前立法对老字号商号权法律保护的严重滞后。

第二,对老字号和企业名称等概念没有法律上的定义,因而在现实中极易产生混淆。商号和商标及企业名称之间有着相通的地方,本来就容易混淆。有些人将商号与商标等同看待,有些学者认为商号来源于企业名称,有人却认为企业名称是在商号的基础上形成的,这都是没有统一的法律概念造成的。商号权的法律地位不明确,造成法律只保护企业名称而不保护商号。我国现行立法没有使用综合性的"商号"或"商业名称"概念。法律法规对不同的商事主体分别赋予不同的称谓:个体工商户和个人合伙使用"字号"一词,企业法人则使用"名称"一词。虽然《民法通则》规定个体工商户、个人合伙"可以起字号","企业法人有权使用、转让自己的名称",但通观《民法通则》与专门涉及企业名称的专项法规(《企业名称登记管理条例》和《中华人民共和国公司登记管理条例》)及相关司法解释,均无企业名称、商号的定义性规定,因此有关商号的法律性质、地位、保护等的规定模糊不清。我国现行企业名称登记实行的是"同行业、分级登记"管理制度,使得在同一辖区的不同行业内、在不同辖区的同一行业内、在不同辖区的不同行业内,以及不同级别的行政区划内不同或相同行业内,都可能出现以相同商号构成的,由不同商事主体享有专用权的企业名称,从而造成事实上的只保护企业名称而不保护商号的法律格局。字号和企业名称的对象是相同的,但企业名称的内涵比字号丰富,它包含企业的所在地行政区划的名称、字号、行业或经营特点、组织形式等内容。如"杭州张小泉剪刀厂",其中"杭州"是行政区划名称,"张小泉"是字号,"剪刀"是行业或经营特点,"厂"是组织形式,字号则集中体现了企业名称的精髓。

第三,对老字号的商号表现形式没有做出规定。商号,一般说来是商号主体在商事交易中为法律行为时,用以署名或让其代理人使用,与他人进行商事交往的名称。商号表明了商事主体的显著特征,使这一商事主体与其他商事主体区分开来。但我国法律对商号究竟应由文字组成,还是图案或文字或其组合都可以作为其表现形式,均未做出规定。

第四,在对老字号的保护和转让等方面几乎无法律规定。传统老字号在合资、合并、转让时,应通过无形资产评估作价参股和注册商标等手段将它利用或保护起来。切不可将其老字号轻易抛弃,让无形资产白白流失。纵观我国其他法律法规,对商号被其他商事主体延用为商号等行为的保护性措施,几乎没有,这与德、日等国在商号保护与转让方面有完备的法律相比,差之远矣!无救济则无权利,合理保护可以使所有权主体在其权利受到侵害之时寻求到法律的帮助。转让方面的规定则可以扩大权利的范围。

二、现有商号的登记管理方面

第一，老字号商号登记主体范围较窄。我国要求企业法人的商号一律进行登记，只有经合法登记注册的商号才能得到法律保护，才能依法取得商号的专用权，但对独资、合伙企业的字号或商号应依哪个法律进行注册登记，则无明确规定。此外，我国对商号的保护是登记注册方受保护，但由于我国又是《巴黎公约》的成员国，因此必须承担相应的公约义务，即对该公约缔约国的国民，无论其商号是否登记注册，均予以法律保护。这就出现了国际法与国内法适用上的矛盾。

第二，老字号商号权保护范围较小。《企业法人登记管理条例》第 5 条规定："经国务院或国务院授权部门批准的全国性公司、企业集团、经营进出口业务的公司，由国家工商行政管理局核准登记注册。……其他企业，由所在市、县（区）工商行政管理局核准登记注册。"第 10 条规定："企业法人只准使用一个名称。企业法人申请登记注册的名称由登记主管机关核定，经核准登记注册后在规定范围内享有专用权。"从这些规定不难看出，企业对商号权的行使呈现地域效力的差异性，使得老字号企业的商号权得不到平等的法律保护。这种对商号实行分级登记，并仅在登记机关辖区内行使专用权的规定，与目前我国所倡导的市场经济建设是不协调的。在市场经济前提下，商事活动突破地域的限制，商事主体的各种经营行为都受到市场价值规律的调节，所涉及的区域、活动范围并不受行政区域的限制。而按行政法律规定，绝大多数老字号商号权的效力范围只限于注册地（市、县）范围内，而在该范围以外，商号的相同或相似却不构成侵权，这必然促使一些商事主体利用法律的缺陷，侵害一些有影响的老字号的商号权。此种法律规定也导致商事主体的商号权不能平等地受到法律保护，因为一个企业的商号在多大空间范围内享有专用权并不明确。

第三，法律未禁止在相同行政区划内不同行业的字号相同或近似的行为。行业、经营特点是企业名称的构成要素之一，既然是不同行业，就不可能存在企业名称各构成要素完全一致的情况，而组织形式又属于公共领域范围。从实践看,不同行业的公共名称近似一般不会造成混淆,但是商号相同就不同了。因为现实中,许多企业都是一业为主、多种经营。如果不加任何限制地允许企业字号相同,就会淡化企业商号的识别作用,造成混乱。实践中也确实存在非同一地域的企业使用与他人主要是驰名商号相同的字号,借机推销伪劣产品的行为,这不仅会给老字号造成损失,同时也会损害消费者利益,破坏社会经济秩序。

第四,法律对是否可以拿他人注册商标作为自己的商号没有明文规定。我国的《企业法人登记管理条例》和《企业名称登记管理规定》《反不正当竞争法》都没有明文禁止,《商标法》也未将这一做法列为侵犯注册商标专用权的行为。这一法律空白,使一些企业经营者借机鱼目混珠,迷惑消费者,以从中牟利。因此,我们有必要借鉴各国立法和国际条约中的有关规定,使保护老字号商号权的法律制度更加完备。

第四节　完善中华老字号商号权法律制度的思考

一、相同或近似:老字号商号与其他商事主体商号的冲突

很多情况下,企业并不使用其名称而仅使用其商号对外进行宣传,以提高商号的知名度,扩大营销活动的影响力。因此,老字号企业名称中最重要的要素是商号,其他要素只是商号的附属部分。老字号企业名称中的商号具有极高的识别价值和经济价值,具有专有的意义;其他构成要素如行政区划、行业或经营特点、组织形式,通常不具有识别价值和经济价值,不具有专有的意义。

商标权与企业名称权冲突的类型有三种。其一,将他人注册商标相同或相似的文字作为企业名称中的字号注册使用。其二,将他人注册商标相同或相似的文字作为企业名称中的字号注册使用,同时将与他人在先注册企业名称中的字号相同或相似的文字注册为商标。其三,将他人在先注册企业名称中的字号相同或相似的文字注册为商标。

商标权与企业名称权冲突的原因有三种。其一,标识效应的趋同性。尽管标识对象不同,但商标和企业名称均与信誉密切联系,对消费者而言,产品信誉和厂商信誉互相影响渗透,有着趋同的效应。其二,标识内容的易混淆性。商标可包括文字、图形、字母、数字等内容,企业名称则由字号、行业、组织形式等构成。当商标主要由文字构成时,易导致商标和企业名称的混淆。其三,标识权利的专有性与地域性。商标和企业名称一经注册即在一定地域产生不同程度的排他性权利,混淆使用或突破地域限制易导致权利冲突。企业基于强烈的利益追求,往往会通过"搭便车"的方式混淆使用标识,利用商标与企业名称蕴含的市场价值。

要充分认识和重视商号在企业名称中的核心地位,就必须明确禁止商号的相同或近似。否则,商号作为企业名称的法定构成要素就不具有任何实质意义。商事主体之间的竞争主要存在于同行业中。因此,必须禁止同行业商事主体商号相同或近似。商号相同,容易确认,但商号近似与否,则较难判别。判断商号是否近似,是确定是否存在商号侵权的关键。在判断两个商号是否近似时,应以一般人的识别能力为标准,而不能以特殊的同行业者或专家的识别力为标准。需要注意的是,法律所禁止的是企业之间的混淆,而非绝对禁止名称的相同或相似。正如世界知识产权组织国际局指出的:法律不能规定企业享有名称专用权而绝对排除第三者使用相同名称,但要防止公众误认。

二、老字号侵权的法律责任问题

商号的侵权行为是指在市场竞争中,某些商品生产者出于获取利益或诋毁他人从而取得竞争优势等不正当竞争的目的而实施的对他人的商号专用权侵占、限制或诋毁的行为,这是典型的商号的民事侵权行为。一般来说,侵犯老字号商号权的行为主要表现为以下三种形式:①直接使用他人享有合法权利的老字号的商号并从事生产经营活动;②在生产经营活动中使用与他人老字号的商号相近的名称,足以引起社会公众的误解;③捏造并散布一些有损他人老字号商誉的虚假消息,从而取得自己在竞争中的优势。

从上述三种情形不难看出,商号权侵权行为的构成要件主要有五个方面:①侵权行为人多是同行业的竞争者。目前,世界各国在立法上多把商号专用权的效力限于同行业领域内,因此只有发生在同行业的竞争性企业之间的上述行为才能构成侵权行为。②侵权者应当处于被侵权人的商号权效力所及范围内。因为包括中国在内的世界各国几乎都规定商事主体只能在注册登记机关所辖区域内享有排他的专用权。但对老字号而言,应扩大其效力范围。③须有使用老字号的商号的行为。至于使用方法,有很多种,如可以在证书、广告、挂牌等上使用,侵权行为表现为盗用、假冒等。然而我国有关法律对不适当利用他人商号即将别人的商号注册为自己的商标的做法未做出相应的规定,造成对商号权保护的法律漏洞。而在日本,将他人的商号注册为商标(日本称"商号商标")是一种不适当利用他人商号的行为,除非经他人许可,否则要受到法律的限制。只要存在上述行为,不管是否给被侵权人带来实际利益损失,都要承担责任,因为商号侵权所导致的往往不是权利人既得利益的损失,而是可得利益的减少或丧失。④须使用相同或近似的老字号的商号。⑤行为人主观上有过错。对侵犯老字号商号权的行为,在归责原则上适用过错推定原则。所谓过错推定原则,是指如果被告不能证明自己没有过错,法律上就推定他有过错并确认他应负民事责任。过错推定实质上仍属过错原则的范畴,它的特殊之处就在于强化了被指控方的举证责任。因此,对侵犯老字号商号权的行为实行过错推定的归责原则较之对侵犯一般商号权采用的普通过错责任原则,体现了对侵犯老字号商号权的行为更严厉的法律制裁。而对侵权行为人来讲,要想摆脱这种指控,就需要提供相应的证据来证明自己没有任何过错,否则,其将承担不利的法律后果。在我国司法实践中,对侵犯知识产权行为在责任承担尤其是在损害赔偿额认定上,所采取的标准主要有两个:一是根据权利人因侵权行为而受到的损失;二是根据侵权行为人因实施侵权行为所获得的利益。

侵犯老字号商号权的行为,有可能同时违反不同的法律规定,出现法律适用上的竞合问题。为切实有效地保护商号权,各国大多完善了对权利人的法律救济途径,强化了侵权者的法律责任。具体来讲,侵权行为人承担的法律责任主要有三项内容。①民事责任。其方式包括:停止侵害、排除妨碍、消除影响、赔礼道歉和赔偿损失。②行政责任。追究侵犯商号权行为的行政责任体现了国家对市场经济活动的主动干预，以保护国家财产和公共利益，制裁干扰和破坏行政管理秩序的行为。其主要方式有：责令停止侵害、罚款、扣押和没收侵权工具及侵权产品、吊销营业资格等。如德国商标法规定，对非法贴有该国商号或国境经过的外国商品，可以由海关扣押，去除非法标志，无法去除标志的可以没收其商品。③刑事责任。这是对侵犯商号权行为的最为严厉的制裁。在知识产权保护中，多数国家都规定了对侵犯专利、商标的侵权人处以刑罚，但对商号侵权行为作此处罚规定的国家较少，如日本就对侵犯商号权的行为人按"两罚原则"追究刑事责任，即对企业法人处以罚金，而对直接责任人员处以拘役、有期徒刑或予以罚款。对于严重侵害商号权的行为，我国现行的刑法中没有相应的制裁规定。

三、商号与域名争端问题

涉及因特网域名争端的问题近些年在我国屡屡出现。1997 年 6 月，国务院曾颁布《中国互联网络域名注册暂行管理办法》《中国互联网络域名注册实施细则》，对我国域名的管理、机构和注册申请等做出了规定。争端的解决仍依赖于司法程序。我国现有商标法仍局限于传统的商标概念中，且现有法律也未明文规定商号权，《反不正当竞争法》的调整范围过于狭窄，法条刚性较强，不能适用于不以竞争为目的的域名抢注，所以，我国法院在审理有关域名争端的案件时往往处于无法可依的尴尬境地。

我们认为，从实际出发，还应致力于立法的完善，以立法的形式来规范商号与域名的冲突是解决这类问题行之有效的方法。当然，采取适当措施积极避免争端的发生无疑是最有效的方法。防止域名争议发生的较好方法是企业尽快把其商标、商号注册为域名，并且借鉴联合商标的做法，在申请域名的同时，提出以注册商标为核心的其他形式的域名申请。即使不能穷尽所有可能的表现形式，也可较大限度地减少被抢注的可能。虽然这需要支出一笔维持费，但较之一旦发生争议后支付的诉讼费用及造成的损失而言是微不足道的。

本章小结

老字号是中华古典文化园中的耀眼奇葩，代表着中国传统商业文化。它体现了我国传统的价值观念、道德风尚、人文精神、民族情感等，同时也是物质文明及商业信誉的载体，因此它蕴含着宝贵的物质财富与精神财富。

保护传统老字号有着十分积极的意义。首先，传统老字号的演变具有历史研究价值，传统老字号的发展沿革本身就是一幅历史的画卷，对于研究中国古代、近代商业文化具有不可替代的作用。其次，传统老字号产品具有科学及艺术鉴赏价值。如王星记的扇子凝结了中国古代文学艺术的精华，堪称国粹。再次，传统老字号的商业道德观念具有示范教育价值。大多数传统老字号都遵循工艺精美、质量上乘、热忱服务、诚信恒久的商业道德观念。最后，传统老字号的商号具有经济价值。从知识产权角度来看，传统老字号本身就蕴含着商誉，具有较大的经济价值。

本章就完善老字号相关立法这一问题进行了探讨，希望能引起政府相关部门及社会团体的关注。

第五章　中华老字号历史建筑与街区的
保护和振兴

　　中华老字号所展现的文化底蕴是时间、空间与文化形态的有机统一,是一个城市的文脉与个性,使城市的时间与空间意义得以存续并历久弥新。然而,随着时代的变迁,中华老字号所依存的建筑与空间形态常常会面临保护缺失的问题,历史建筑与街区的老化与衰败更是导致老字号失去了发展的依托。

　　很多中华老字号的建筑与街区年久失修,甚至超过了使用年限,存在极大的安全隐患;有的则是周围的空间环境发生了重大变化,影响了其经营的文化氛围,甚至已无法满足其经营的基本需求。例如,山西省太谷县在清代时形成了票号一条街,集聚了上百家钱庄、票号,被称为中国古代的华尔街,但由于年久失修,目前基本处于自生自灭的状态,使这一珍贵的老字号文化遗产面临消亡。保护和振兴中华老字号,必须同时保护好其历史建筑和街区,确保中华老字号文化的完整传承。

第一节　中华老字号历史建筑与街区的
老化和损毁

　　中华老字号历史建筑与街区的老化既有自然原因,也有社会变迁原因。一方面,由于历史悠久,许多老字号建筑与街区已达到使用寿命却未能被及时修葺,导致自然损毁;另一方面,在城市化和工业化的推进中,许多城市建筑和街区被拆毁或重建,导致老字号建筑与街区发生变迁,改变了其原有的空间文化形态。

一、建筑与街区的物理性老化

建筑与街区首先是一个以各种材料修建起来的物理形态与物理空间，有一定的使用寿命，并受到时间、气候、自然灾害等各种因素的影响，需要持续保养与维护才能延续。受时间、天气、地质环境变动和自然灾害的影响，老字号历史建筑与街区会出现物理性或结构性老化与损毁。老字号建筑物与街区历史悠久，往往缺乏常规化、持续性的维护与翻修，导致物理性老化严重，原有功能退化甚至丧失。

二、建筑与街区的形象老化

历史建筑或街区的风貌是一定历史时期文化与审美意识的缩影，作为文化记忆的一种形态，既要保留其原汁原味的文化基因，又要不断融入新的元素与时俱进。历史建筑与街区的空间形态无论是在外在的视觉形式上，还是在内部的功能形态上，都必须适应现实社会的需要。因此，历史建筑与街区对于使用它的老字号来说，既要传承历史文脉，更要适应当下人们的审美需求。

三、建筑与街区的功能性老化

中华老字号历史建筑与街区的功能性老化，常常与城市发展及改造有关。原有的建筑与街区功能是根据过去的社会情境设计的，随着城市的发展，已经不能适应当下的需要了。比如，老字号商业街区周围没有足够的停车场地，或者因街道狭窄以及交通拥堵而给消费者带来不便，这是很多老字号在现代化进程中难以适应社会发展并逐渐衰败的重要原因。重庆中华老字号"老四川"饭店，原处于最繁华的城市中心，但随着城市的发展，原有的建筑与街区已经难以适应经营的需要，在建筑的拆迁和街区的改造中，"老四川"也失去了赖以生存的文化空间及消费市场。

现代城市规划师认为，十年或几十年前建设的城市已不适应现代交通出行方式。与此相对应的是，大规模的推倒然后就地再开发的做法成为城市重建的主导方式。其结果是,大部分城市的历史遗产就这样在旧城改造中消失殆尽。正如《城市历史街区的复兴》一书中所指出的那样:"历史就被当作通向未来的障碍而加以处置,在人们试图以合理化和功能化的方式解决城市问题的时候,它们沦落为社会进步的绊脚石。"①在中国,这类问题更是俯拾即是,"一些城市在所谓旧城改造、危旧房改造中,采取大拆大建的开发方式,致使人文信息丰富、具有地域文化的历史街区、传统民居被无情摧毁,造成了城市文化空间的破坏、历史文脉的割裂、社区邻里的解体,最终导致城市记忆的消失"②。

与此同时,位于历史城区的老字号建筑与街区在城市扩张与房地产开发中,经历了一轮轮拆迁之痛。一方面,一座座老字号传统建筑在人们备感惋惜的注目中被拆除;另一方面,在大规模的城市改造中,传统商业街区由于拥有较好的区位优势,成为房地产开发商高价争夺的黄金地段,高档房地产开发项目凭借雄厚资金逐渐占据了昔日老字号的地理位置。城市传统街道经拓宽后变成了机动车川流不息的宽阔马路,破坏了老字号昔日人文气息浓郁的商业景观。

四、政策与制度设计的缺失

我国各级政府部门制定的建筑物功能的标准中,对老字号建筑与街区的保护政策严重缺失。这一政策与制度设计的滞后,进一步给老字号建筑与街区的保护带来困难。比如引入的新的健康与安全标准、防火及建筑控制标准等,不适用于历史建筑的保护。另外,政府在街区修建、拓宽道路或城市综合开发中,对老字号历史建筑及整个街区的保护考虑甚少,从而加速了老字号建筑与街区损毁或消亡的速度。我国有太多的老字号历史建筑及历史街区都因政策的因素而遭到破坏。"在江苏镇江,上月初13座宋元粮仓虽有入围'2009年全国十大考古发现'的'护身符',但无济于事,最终被毁于叫作'如意江南'的楼盘开发中。在湖北鄂州,始建于东晋时期的文物保护

---

① ［英］史蒂文·蒂耶斯德尔,［英］蒂姆·希思,［土耳其］塔内尔·厄奇.城市历史街区的复兴[M].张玫英,董卫,译.北京:中国建筑工业出版社,2006:48.
② 单霁翔.城市文化建设要避免8个误区[N].新华日报,2007-09-28.

单位城隍庙,同样面临被开发商拆除的命运,当地百姓甚至组建了'护庙队'……2009年年底的第三次全国文物普查结果显示,全国有超过3万处登记在册的文物消失。其中大部分为类似宋元粮仓和释迦寺这样的不可移动文物。有专家感慨:历经数百年甚至上千年保存下来的文物,最终却毁在经济发达的今天,发人深省。"①

第二节　中华老字号历史建筑与街区的价值审视

许多城市都有历史文化底蕴浓郁的老字号,这些老字号及其历史建筑营造出特有的场所感和认同感,构成城市的魅力与活力。这些老字号的形象特征和功能品质都已经融入城市的血脉,从而与城市密不可分。老字号历史建筑与街区的社会价值是无形的,无法用货币来衡量。这种社会价值包括:建筑与街区的美学价值、建筑多样性的价值、建筑与街区的遗产或文化记忆连续性的价值、建筑与街区对社会资产的外部性效应。

一、建筑与街区的美学价值

建筑具有美学价值,我们能够"从优秀的建筑或和谐的建筑群体之间找到无处不在的符合审美原则的韵律和变化,我们也能够从一个充满着这种韵律和变化的城市中找到超过一般价值原则的审美评价"②。

在一个快速变化的世界中,老字号的存在是特定地区时代变迁的见证。老字号历史建筑及其街区有价值是因为它们本质上有着美的或"古董"的特征,历史所遗留下来的可见、有形的遗产因其所传达的场所感和连续性而体现出特殊的美学价值,换句话说,正是因为它们的古老而产生出稀缺性的价值。"它们那既牢固又优美的结构告诉我们,在那个时代,形式更多地来自于'场所'而不是'功能'。许多建筑的立体面常以古典形式和雕塑来装饰,

---

① 佚名.安徽泗县拆北宋近千年古寺建商品房[N].新京报,2010-08-18.
② 杜玖月.凝固的音乐是怎样流动起来的——建筑审美与城市建筑的多样性[EB/OL].(2007-07-24)[2017-12-30].http://sept09.blogchina.com/333221.html.

凸显出石工和雕刻匠纯熟的传统技艺。"①老字号的历史建筑具有独特的品质和厚重的历史感,它们能令人回想起一个拥有真实技艺和个性魅力的时代,而这种真实感和魅力感在现代工业化的建筑及建造系统中已经消失殆尽。可以说,与现代机器工业化、标准化制造的产品相比,人们的潜意识里对那些注定要因磨损风化而斑驳的自然材料有着一种本能的认同感。

二、建筑多样性的价值

一个历史场所的立体美感应当是由许多建筑的多元化组合并列产生的,而不是其中任何一栋特殊建筑物单独作用的结果。许多城市街区都是由一系列不同时期、不同形式与风格的建筑所组成的。"个体建筑对功能要求的合理适应性与审美的艺术性,带来城市建筑群体的多样性变化,而建筑群体的多样性变化又赋予城市文化色彩的丰富性和多元化。"②

过去的建筑与现代的建筑排列在一起恰恰能显现出它们的价值,特别是许多年代久远的建筑与许多单调贫乏的现代主义建筑形成了一种强烈的对比。这种多样性通常显得很有积极意义,芒福德(Lewis Mumford)在《城市文化》(1939)一书中生动地描述了过去的城市怎样"利用不同时代建筑的多样性来避免因现代建筑的单一性而产生的专断感,而不断重复过去某一精彩的片段则可能形成一种乏味的将来"③。因此,历史建筑会因它们对城市景观的美学多样性做出的贡献而体现出自身的价值。

三、建筑与街区的遗产或文化记忆连续性的价值

老字号历史建筑与街区所体现的不仅是一种美学或视觉的连续性,还体现了一种很重要的文化记忆的连续性。历史证据对人们建立文化认同感、延续与某个特定场所有关或与某一个体有关的记忆都具有非常重要的

---

① [英]史蒂文·蒂耶斯德尔,[英]蒂姆·希思,[土耳其]塔内尔·厄奇.城市历史街区的复兴[M].张玫英,董卫,译.北京:中国建筑工业出版社,2006:12.
② 杜玖月.凝固的音乐是怎样流动起来的——建筑审美与城市建筑的多样性[EB/OL].(2007-07-24)[2017-12-30].http://sept09.blogchina.com/333221.html.
③ [英]史蒂文·蒂耶斯德尔,[英]蒂姆·希思,[土耳其]塔内尔·厄奇.城市历史街区的复兴[M].张玫英,董卫,译.北京:中国建筑工业出版社,2006:13.

教育意义。因为这种对过去的诠释有助于理解当代社会与历史传统的关联性并赋予其现代含义。"建筑环境与文字作品、雕塑、音乐等一样是众多历史遗迹中的一种,所有这些历史证据经过编织,就再现了我们的历史。而历史构成了理解我们所生活的时代的基础。"①这个观点在美国《国家历史遗产保护法》的"序言"中表达得很清楚:"国家的历史和文化遗产应该作为社区生活与发展的一部分而加以保护,目的是为美国人提供一种历史观。"②

四、建筑与街区对社会资产的外部性效应

与大多数其他资产形式不同,建筑是一种相互依存的资产。老字号历史建筑和其街区中的其他各种建筑形成相互依存度很高的资产。这是一种积极的外部性因素,即当一件资产得以整治或保持良好状态时,对于相邻资产而言就是一种外部性收益。一组相邻建筑群的质量、环境、维护状况和管理水平对其中任何一座建筑都有直接的影响。"房地产的价值主要来自于他人已经给予的投资,如纳税者、其他资产所有者、雇主等。如果去掉一个街区的步道、街道、下水道和污水处理系统、自来水厂、治安保卫、就业岗位和人口等因素,建筑物本身就不会有任何价值。产生房地产经济价值的大部分力量来自用地边界以外。"③

因为建筑在赋予城市与城市区域一种"场所感"方面起着重要的作用,所以从城市历史街区保护的角度看,对土地利用和保护的管理还存在着更深层次的经济原因,即需要创造并保持一种能支撑和强化该地区综合价值的环境。

---

① [英]史蒂文·蒂耶斯德尔,[英]蒂姆·希思,[土耳其]塔内尔·厄奇.城市历史街区的复兴[M].张玫英,董卫,译.北京:中国建筑工业出版社,2006:16.
② [英]史蒂文·蒂耶斯德尔,[英]蒂姆·希思,[土耳其]塔内尔·厄奇.城市历史街区的复兴[M].张玫英,董卫,译.北京:中国建筑工业出版社,2006:16.
③ [英]史蒂文·蒂耶斯德尔,[英]蒂姆·希思,[土耳其]塔内尔·厄奇.城市历史街区的复兴[M].张玫英,董卫,译.北京:中国建筑工业出版社,2006:37.

第三节　中华老字号历史建筑与街区的
保护和振兴

　　老城区综合性再开发、大规模拆除以及道路建设计划对老字号的生存发展的影响及对其建筑和历史街区的破坏是显而易见的，城市活力的丧失在很大程度上是由有意识和有计划的城市功能分区造成的。城市开发对包括老字号在内的小企业和小型商业活动具有严重的破坏性，而且这种开发也会瓦解生活和交往的历史模式。大规模、相对单纯的街区建设取消了原先能容纳经济功能不强但为街区带来活力和吸引力的社会活动场所的存在。美国学者布朗·莫顿（Brown Morton）曾生动地叙述道："在推土机肆无忌惮地扫平城市和乡村景观时，我们那么多文化遗产的临终哀鸣终于唤起了公众对美国历史、名胜、各种历史遗迹、历史格调和历史活动的关注。"[①]

　　老字号拥有的历史性建筑环境和景观，以及因此而形成的场所感和特质，是一种稀有资源。正是这种稀缺性，使老字号的空间环境有了一种经济价值。政府应通过投资或补贴，并以有效的管理来保护和维持这种稀缺性，提高老字号的综合价值。

一、物理环境的保护与振兴

　　在老字号振兴中，环境干预是第一步。大量研究表明，人们在缺少修缮及有不良视觉形象的地方会感到不适和害怕。我们应该对有不同程度的老化与过时的老字号历史建筑和街区进行更新与整治。[②] 经过修复和整治，可以使老建筑焕然一新，街道得以改善，街区展现出一种良好的总体形象，从

---

　　① 　Morton W B. Forging new values in uncommon times[M]// Lee A J. (ed.) Past Meet Future: Saving America's Historic Environments. Washington, DC: The Preservation Press, 1992:37-41.

　　② 　[英]史蒂文·蒂耶斯德尔，[英]蒂姆·希思，[土耳其]塔内尔·厄奇. 城市历史街区的复兴[M]. 张玫英，董卫，译. 北京：中国建筑工业出版社，2006:207.

而成为一个对投资者、旅行者和居民有吸引力的场所。

当提高老字号历史建筑的质量变得愈来愈重要时,我们还必须认识到对其加以妥善利用的必要性。物理环境的开发与整治是历史街区振兴的一个必要条件,但不是充分条件。振兴不只涉及砖块和灰浆的修补。如同各种资产措施一样,振兴需要对历史街区的经济基础设施与开发给予足够的重视,以促进经济增长并鼓励更好地利用历史建筑。

振兴老字号,尤其要保护那些有重要历史特征、遗产或文化记忆连续性的老字号,这样的老字号能为其所在的街区塑造强烈的场所感。场所感和高品位的环境会吸引种种后工业时代的经济活动。

二、以旅游和文化产业为先导的振兴

历史街区有着稀有的价值,故而它们能为城市空间形象的塑造与环境认同感的保持做出独特的贡献。就城市形象改善而言,历史街区可以构成有魅力的城市形象的一部分;就旅游的特殊吸引力而言,历史街区本身就是这种吸引力的一部分。

以旅游或文化产业为先导的振兴策略提倡并鼓励将城市中的历史遗产用于旅游业的发展。利用一个地区的历史特征、文化环境,旅游业常常能够通过导入新的功能来克服街区形象的老化与过时。人们经常提起的马萨诸塞州罗维尔街区,就是以旅游为先导实施城市工业区振兴的先例。这个一度衰落的纺织工业城通过旅游开发成功地焕发出活力,在此过程中它成了美国第一个国家历史城市公园。如法尔克所说:"这种转变的关键在于要把历史遗产看作一种财富而不只是一种责任。"刘易斯·芒福德在他的《城市文化》一书中提到的城市功能之一就是其本身如同一座博物馆。[①]

此外,对老字号而言,有计划的文化活动对于其历史文化的传承与现代精神的塑造意义重大。比如,编排诠释老字号文化象征的节目和公开展示历史遗产,包括鼓励人们在老字号场所中参观、购物和闲逛。"老字号需要

---

① [英]史蒂文·蒂耶斯德尔,[英]蒂姆·希思,[土耳其]塔内尔·厄奇.城市历史街区的复兴[M].张玫英,董卫,译.北京:中国建筑工业出版社,2006:68.

创造一种文化活力，使精心设计的项目和节日庆典贯穿一系列人群聚集地，包括各种公共场所、广场和公园。这种计划旨在为人们提供多种口味的项目和活动，如午间音乐会、美术展览、街道剧场等，这样人们在开始参观老字号时就像知道下面还有什么在等着他们。"①

本章小结

中华老字号历史建筑与街区是重要的文化载体。本章基于中华老字号历史建筑与街区具有的美学价值、建筑多样性价值、遗产或文化记忆的延续性价值等多重价值，从建筑保护和规划的视角，阐释了中华老字号保护与振兴的思路。

许多老字号有过自己的"黄金时代"，但令人遗憾的是，对其中大多数来说，接踵而来的就是衰退。很多老字号现在又为迈向"第二个黄金时代"和在全球经济中的重新定位而奋斗。中华老字号历史建筑与街区作为经济驱动力的一部分，无法独立于城市的其他功能区，并且常常与城市的其他部分有着不可分割的共生关系。因此，中华老字号的振兴与发展必须放在城市发展背景下作为一个整体予以考虑：中华老字号在保持其特色的同时，必须是城市生活与工作环境的一部分。

---

① ［英］史蒂文·蒂耶斯德尔，［英］蒂姆·希思，［土耳其］塔内尔·厄奇. 城市历史街区的复兴［M］. 张玫英，董卫，译. 北京：中国建筑工业出版社，2006：211.

第三编

中华老字号的"非遗"价值审视

第六章　非物质文化遗产概述

非物质文化遗产是指各民族人民世代相承的、与群众生活密切相关的各种传统文化表现形式（如民俗活动、表演艺术、传统知识和技能，以及与之相关的器具、实物、手工制品等）和文化空间。随着全球化趋势的加强和现代化进程的加快，依靠口传和身授传承的文化遗产正在不断消失，许多传统技艺濒临消亡。因此，保护各国各民族的非物质文化遗产，维护世界文化多样性，成为国际社会的共识和自觉行动。

为了应对非物质文化遗产濒危的紧急情况，1997 年 11 月，联合国教科文组织第二十九次全体会议通过了《人类口头和非物质文化遗产代表作宣言》，标志着"人类口头和非物质文化遗产"正式定名于联合国的文件当中，也表明了联合国教科文组织向保护非物质文化遗产的目标迈出了具有实际意义的一步。2002 年 9 月 16 日至 17 日，联合国教科文组织在土耳其伊斯坦布尔召开以"无形文化遗产——文化多样性的反映"为主题的文化部长圆桌会议，通过了《伊斯坦布尔宣言》，呼吁在全球化形势下，共同保护和发展非物质文化遗产，促进文明多样化。2003 年 10 月 17 日召开的第三十二届联合国教科文组织大会通过了《保护非物质文化遗产公约》。

为了在国际社会加强非物质文化遗产的保护工作，联合国教科文组织于 2001 年 5 月宣布了首批 19 项"人类口头和非物质文化遗产代表作"，中国的昆曲位居其中。2003 年 11 月又宣布了第二批 28 项"人类口头和非物质文化遗产代表作"，中国古琴艺术榜上有名。2005 年，中国申报的新疆维吾尔木卡姆艺术以及与蒙古国联合申报的蒙古族长调民歌又入选第三批共 43 项"人类口头和非物质文化遗产代表作"。这显示了保护人类口头和非物质文化遗产的国际性活动的显著成效，有力地推动了中国民族民间文化遗产抢救与保护工作。

中国是世界文化遗产大国，拥有丰富的非物质文化遗产。由于一些特殊的历史原因，中国的民族民间文化遗产曾遭到过种种破坏；伴着经济全球化发展的冲击和环境恶化的威胁，民间文学艺术、表演艺术、传统工艺美术等无形文化遗产的损毁、流失速度也正在加快。面对国内诸多优秀的非物质文化遗产遭受破坏、流变、濒临消失的危险情况，政府非常重视联合国启动的"人类口头和非物质文化遗产代表作"项目，有关部门提出要"从抢救人类共同文化遗产和保护文化多样性的高度，重视申报工作"，文化部在全国范围内启动了"民族民间文化保护工程"，对非物质文化遗产的保护起到了很好的促进作用。

2005年，国务院颁发了《关于加强文化遗产保护的通知》和《关于加强我国非物质文化遗产保护工作的意见》，对非物质文化遗产保护做出了全面部署。从2006年起，每年6月的第二个星期六为我国的"文化遗产日"，2017年起调整为"文化和自然遗产日"。对非物质文化遗产应以保护为主，但有效的保护离不开合理的利用，在利用中使非物质文化遗产获得传承和发展。

第一节　非物质文化遗产研究简评

非物质文化遗产形成于历史，产生于生活，服务于生活，具有独特的区域特征、历史文脉和人文内涵。中国非物质文化遗产是中华民族的瑰宝，是中国上下五千年文明史的积淀，以种类繁多、技艺精湛、风格独特而享誉世界。

目前，全国乃至全世界都将非物质文化遗产的保护放到了重要位置。亚洲设计文化学会总会长宫崎清教授自20世纪60年代起就致力于传统工艺产业与地方产业振兴、社区文化总体营造方面的研究，他提出了以"人、文、地、产、景"为基础，以社区居民为主体，通过多样性、小批量、高文化附加值的产品开发和生态旅游开发等手段来实现非物质文化的传承与地域经济文化发展的结合。他的理论与实践成功指导了日本的经济建设。印度科技大学的 Shashank Mehta 教授、香港理工大学设计学院的林衍堂教授和梁町教授等也系统开展了相关研究。

一、关于非物质文化遗产保护的紧迫性

2005 年,国务院办公厅下发《关于加强我国非物质文化遗产保护工作的意见》,确定以"保护为主、抢救第一、合理利用、传承发展"为非物质文化遗产保护的指导方针。要求我们在非物质文化遗产的保护开发中,将保护放在首位,进而在保护中再发现和再创造,加以新的诠释,使保护和开发工作沿着继承、创新的轨道健康发展。

2007 年,时任文化部副部长周和平指出:"非物质文化遗产保护面临社会变迁、财力有限、人才不足等多方面挑战,我觉得最突出的还是公众对文化遗产的认识和保护意识有待提高。"他还表示,"资金可以筹集,人才可以培养,因缺乏对文化遗产的认识和保护意识而造成人为破坏却不自知,这是文化遗产保护工作面临的最大问题。为此,要大力加强非物质文化遗产的教育,营造和呼唤保护关爱文化遗产的社会氛围"[1]。

李春霞认为:"非物质文化是民族文化的土壤和根基,是民族历史生命的记忆和独特的生存象征。……从另一方面看,非物质文化遗产也是民族经济赖以持续发展的无形资产,对其合理开发与妥善保护,不仅能使中国文明久盛不衰,更能为中国产业的更新与发展开辟另类途径。"[2]谭志国认为,我国的非物质文化遗产正面临着历史上前所未有的急剧变迁,其赖以生存和发展的重要基础——农耕(游牧)文明的逐渐削弱乃至在部分地区消失。[3]申茂平指出,"民众生活方式以及观念的嬗变,加之外来文化的影响,给一向主要靠口传身授方式传承的非物质文化遗产带来巨大冲击"[4]。葛剑雄指

---

① 佚名.周和平:文保活动最怕人为破坏却不自知[EB/OL].(2006-06-12)[2017-12-30].http://news.sina.com.cn/c/cul/2006-06-12/11109183499s.shtml.

② 李春霞.我国非物质文化遗产保护现状思考[J].盐城师范学院学报(人文社会科学版),2009(6):38—41.

③ 谭志国.新农村文化建设视角下的非物质文化遗产保护与开发[J].安徽农业科学,2011(4):2235—2237.

④ 申茂平.非物质文化遗产的教育传承及其实现途径[J].教育文化论坛,2009(1):49—53.

出："文化遗产——无论是物质的还是非物质的——都是我们的前人创造的，并且有幸保存到今天。它们的价值和影响当然有大有小，但有一点是相同的：它们都是不可再生的，一旦破坏或消失，就永远不可能恢复。"①冯骥才先生在2007年的一次文化沙龙活动中指出："保留非物质文化遗产的原汁原味以及促进其在当代发展面临最大的挑战是，我们原有的文化和商业流行文化的冲突与矛盾，非物质文化遗产这种公共的精神性的事物在这种冲突中，势必受到冷落甚至破坏。"彭冬梅研究了非物质文化遗产的数字化技术保护，指出中国是非物质文化遗产大国，然而中国的非物质文化遗产现状并不容乐观。"首先，受中国社会转型期的影响，工业化、城市化的飞速发展，使得人们的生产、生活方式迅速发生改变，民族民间文化的生存环境日益恶化，以口传身授为传承方式的非物质文化遗产正在迅速消失。其次，整个社会缺乏非物质文化遗产保护意识，教育与非物质文化遗产保护、传承脱节。"②

二、关于非物质文化遗产的经济价值的开发

非物质文化遗产一向是文化范畴的研究内容，研究成果也多数集中于人文社科领域。但是非物质文化遗产的保护工作需要各个相关领域的通力合作，特别是文化领域和经济发展领域的联手。挖掘非物质文化遗产的经济价值是非物质文化遗产保护与发扬的重要渠道。

非物质文化遗产的经济价值往往无法直接表现出来，要通过文化价值来展现。文化价值越大，经济价值也越大。丰富的非物质文化遗产是一个民族难得的资源素材和稀缺资本。因而，在文化经济越来越受到重视的今天，应当高度重视非物质文化遗产的经济价值，将其提升到文化资源和文化资本的高度。吕屏、彭家威认为，在抢救和保护非物质文化遗产的同时，应有效形成文化品牌，实现"文化遗产"向"文化资本"的转化，最终走上"以文养文，以文兴文"的非物质文化遗产保护的良性循环道路，为中华民族在即

---

① 葛剑雄. 文化遗产靠大家保护，也靠大家创造[EB/OL]. (2006-06-10)[2017-12-30]. http://gejianxiong. blog. sohu. com/110507047. html.

② 彭冬梅. 面向剪纸艺术的非物质文化遗产数字化保护技术研究[D]. 杭州：浙江大学，2008.

将到来的文化经济时代充分利用自己的资源优势赢得主动权做好准备，为中华民族在未来的文化经济竞争中取得资本优势做足准备。[1]

第二节　非物质文化遗产的发展现状

非物质文化遗产作为一种历史上曾经存在的文化形态，是特定的时间与空间的产物。随着时代的发展与社会变迁，非物质文化遗产的生存环境已经发生了变化，虽然有些非物质文化遗产仍然得到了保留，但更多的则不断地被消解和边缘化，其发展状况堪忧。

第一，非物质文化遗产的文化生长土壤面临消亡。

现存的非物质文化遗产主要产生于农耕文明的历史背景下，表征着以家国同构为特点的宗族社会文化。因而，非物质文化遗产所包含的物质创造、文化习俗、精神方式和信仰，渗透着农业文明的生产、生存方式和审美意识。然而，社会发展与科学技术的进步带来了农耕文明的日渐消失和宗法社会的制度瓦解：原始农耕文明架构下的许多文化形态和生产方式都在不断消亡，生产方式和生活方式被工业化和市场化的现代社会形态所取代。现代化必然导致社会所有主要领域产生秩序变迁。[2] 在这样的背景下，过去非物质文化遗产赖以生存的农耕时代走向衰亡，非物质文化遗产生长的土壤环境已不复存在。

第二，人们对传统文化的态度改变。

冯骥才指出："风靡全球的商业性强势流行文化，正在猛烈地冲击世界各民族文化，也包括我们民族的文化。在这种全球化的飓风中，首当其冲处于消解过程的是传统的民间文化。"[3]全球化和现代化导致人们的生活趣味

---

① 吕屏，彭家威. 从非物质文化遗产到文化资本的转换——以旧州绣球的产业化发展为例[J]. 阿坝师范高等专科学校学报，2007(3)：29—32.
② 李昕. 文化全球化语境下的文化产业发展与非物质文化遗产保护[J]. 西南民族大学学报(人文社科版)，2009(7)：171—175.
③ 李昕. 文化全球化语境下的文化产业发展与非物质文化遗产保护[J]. 西南民族大学学报(人文社科版)，2009(7)：171—175.

和生活方式发生改变，其直接结果是作为民族精神家园的世代传承的非物质文化遗产遭受着价值观变迁和继承者锐减的双重挤压，它们的传承难度越来越大，正处于衰退甚至是文化中断的危机之中。

本章小结

　　许多有历史、文化和科学价值的非物质文化遗产遭到不同程度的破坏，一些地方名为创新或改造，实是缺乏文化意识与文化自觉的"建设性破坏"，伪民俗、人造的"原汁原味"到处可见。一些地方保护非物质文化遗产的理念、手段、范围与力度不合理乃至荒唐。这都使我们痛惜不已。对非物质文化遗产的保护实在是迫在眉睫、刻不容缓了。

第七章　非物质文化遗产的价值审视

——基于生存资源与文化资本的维度

非物质文化遗产的背后"隐约呈现出一场在全球范围内方兴未艾的知识观的变革运动,这场运动的性质和影响的广度都是前所未有的"[①]。那么,在人类社会进入"文化发展牵引经济发展"时代的背景下,非物质文化遗产将发挥怎样的作用和产生怎样的影响呢?

第一节　中华老字号是非物质文化遗产的重要组成部分

中华老字号是中国特有的经济与文化现象,主要分布在餐饮、零售、酿造、医药等行业,不仅是中国传统商业文化的重要象征,还承载着中华民族博大精深的传统文化。中华老字号在长期生产经营中,凝结了数代经营者的智慧,吸收了丰富的民族传统文化精髓,与当地风土人情交融,创造和传承了丰富的文化遗产。其拥有的传统技艺、经营管理思想和文化内涵不仅是中国优秀商业文化的集中体现,也是非物质文化遗产的重要组成部分。

中华老字号因为"中华"二字而具有了特殊的历史意义与内涵。中国自古以来就是以农业为主的国家,工商业的发展相对滞后,然而许多优秀的工商企业以诚信、重质、价廉等优良的经营品行,赢得了人们的信任,形成了一个个响当当的名号。

---

① 叶舒宪.非物质经济与非物质文化遗产[J].民间文化论坛,2005(4):19—25.

19世纪末,中国民族资本主义初步发展,资产阶级开始登上历史舞台,中国的近代化发展到新的历史阶段,这一时期是中华老字号发展最为迅速的阶段。由于外国列强用炮舰打开国门,国内经济秩序遭受到极大的冲击,神州大地民不聊生。许多有名的中华老字号在这样的打击下,渐渐消失在人们的视线中。但是,另有更多民族工商业者开始了创业或变革。他们理性地认识到西方文明在经济社会中的价值,不断吸收西方经济管理的先进理念,决心以实业救国。

然而随着国内阶级矛盾的激化,内战不断,经济普遍萧条,而日本帝国主义的入侵更使民族经济遭受沉重打击。抗战全面爆发后,不少爱国民族资本家为使企业免遭日本的掠夺,历尽艰险迁往西南内地,并迅速恢复生产,以支持大后方经济发展,支持抗战。在沦陷区,来不及内迁的厂房,或被日军毁灭,或被日军以委托经营、租赁等形式吞并。在国统区,国民政府出于抗战的需要,实行战时体制,强化经济的全面统制,加强工业垄断和商业专卖,造成官僚资本的膨胀和民族资本的萎缩。抗战结束后,正当人们以为民族经济开始重新振兴之时,美国与国民政府签订《中美友好通商航海条约》,攫取了大量在华政治、经济等特权。之后,美国大肆对华进行商品输出,排挤国货。有人称这一条约为"新二十一条"。官僚资本进行经济垄断,残酷挤压民族工业,国民政府的苛捐杂税不断增加,原料昂贵而产品滞销,民族工业陷入绝境,纷纷倒闭。

在逆境中成长的民族工业,都有着非常鲜明的民族精神。1937年抗日战争全面爆发,杭州沦陷,日军逼迫都锦生出任伪职,都锦生宁死不从,避入三天竺寺。日军恼羞成怒,把都锦生在艮山门的丝织厂付之一炬。今天我们研究中华老字号的文化内涵、商业内涵,不可忽视的一个方面是它的民族精神,没有这种精神,老字号不可能在西方列强的炮舰下、日本侵略者的战火中、帝国主义的政治经济侵略下惨淡经营、坚持创业,民族精神是支撑老字号走到今天的核心力量之一。这种民族精神也是现代中国强国之梦的力量源泉。

这些有着民族商业文化积淀的老字号,经受住了极为曲折、不平凡的磨砺,其经营历程已经超出了一般意义上的工商业发展规律,带有深厚的历史印记与民族特色。因此,从根本上说,老字号已经成为当代中国宝贵的文化遗产。

老字号非物质文化遗产的内容体系包括:老字号在长期生产和商业实践中形成的独特产品、精湛技艺、经营管理理念和深厚的文化内涵;老字号在长期生产和商业实践中形成的家传秘方和绝活、绝技、绝艺;老字号在长期生产和商业实践中直接创造并世代延传而积淀下来的传统商业文化、商业文明和传统知识;老字号在长期生产和商业实践中形成的老字号传说、商业习俗、生活习俗等。①

实业家都锦生

老字号在长期的生产和商业实践中,主要依靠手工操作,采取传统工艺方式进行生产经营和提供服务,以"师父带徒弟"方式传承,逐步形成了自己的价值观念、经营理念和绝活、绝技、绝艺。这些文化遗产生动、鲜明地证明了老字号的真正价值和魅力。老字号企业的发展离不开年代久远、文化内涵深厚的非物质文化遗产。我们要积极推进老字号非物质文化遗产的调查、保护和传播。

在国家非物质文化遗产名录中,浙江省有"小热昏"、龙泉青瓷烧制技艺、龙泉宝剑锻制技艺、张小泉剪刀锻制技艺、绍兴黄酒酿制技艺、湖笔制作技艺、胡庆余堂中药文化等,都是老字号企业所拥有的弥足珍贵的非物质文化遗产。2007 年,商务部和文化部下发了《关于加强老字号非物质文化遗产保护工作的通知》(商改发〔2007〕45 号),将老字号非物质文化的保护和传承置于一个全新的高度。该《通知》指出:

---

① 刘满来.老字号的非物质文化遗产保护[J].北京观察,2008(1):34—36.

一、进一步提高对保护老字号非物质文化遗产重要性的认识

在长期的历史发展过程中,老字号为丰富人民群众生活、促进经济社会发展发挥了重要作用。加强对老字号的传承和保护,对促进商业文明建设、保护非物质文化遗产、弘扬民族优秀文化、构建社会主义和谐社会具有重要的现实意义。当前,在经济全球化趋势不断增强、市场经济快速发展的环境下,老字号的生存和发展面临着巨大的挑战,一些老字号企业的知识产权保护意识比较淡薄,对保护传承人和传统技艺重视不够,珍贵的传统技艺和经营理念得不到有效传承。加强老字号非物质文化遗产的保护工作已刻不容缓。

各地商务、文化主管部门必须从保护中华民族优秀传统文化、传承中华文明、建设和谐社会的高度出发,从发展民族商业、弘扬民族品牌、振兴民族经济、增强国家核心竞争力和"软实力"的战略着眼,提高对老字号保护、传承和发展重要性和必要性的认识,按照"保护为主、抢救第一、合理利用、传承发展"的方针,进一步加强我国老字号的非物质文化遗产保护工作。

二、认真做好普查工作

保护老字号,首先要做好对老字号非物质文化遗产的普查。各地在开展老字号普查的过程中,要特别注意对老字号的传统手工技艺、资料和实物的收集与整理工作。采取录音、录像、文字、绘图等手段,对各地老字号现存的资源状况进行详细的调查和记录,收集珍贵的历史资料和实物。对属于文物的老字号实物,应按文物保护法规的要求,妥善进行保管。对重要的老字号场所,要划定一定的保护范围,对有关建筑和器具进行整体保护。要建立老字号的相关档案或数据库,有条件的老字号还可以建立展示中心或博物馆,专门保存和展示老字号的实物资料和重要文献。

三、鼓励老字号的传承

各地在老字号的保护工作中,要将老字号的代表性传承人作为保护和扶持的重要对象。开展对掌握主要传统手工技艺的老字号代表性传承人的认定,资助代表性传承人授徒传艺,并为其提供必要的传习活

动场所,以及开展展示、研讨和宣传活动的条件。

四、将老字号纳入非物质文化遗产名录加以保护

在国务院公布的第一批国家级非物质文化遗产名录中,涵盖了一些老字号或与老字号相关的项目,各省、自治区、直辖市建立的名录也涉及不少老字号项目。地方各级文化主管部门要协同商务主管部门,对于老字号所蕴含的传统技艺和经营理念,根据其历史、文化和科学价值,分别纳入省、市、县级的非物质文化遗产名录,切实加以保护。

在即将开始的第二批国家级非物质文化遗产名录申报工作中,各地要结合老字号的保护工作,对商务部认定的"中华老字号",符合条件的要优先列入省级名录并申报第二批国家级非物质文化遗产名录。

在老字号非物质文化遗产保护工作中,各地商务、文化主管部门要联合有关部门,争取纳入当地经济和社会发展计划以及城乡规划,通过有计划的教育培训,提高老字号现有人员的工作能力和业务水平,并积极开展对老字号非物质文化遗产的传播、展示和宣传,提高全社会的保护意识。

"作为一种鲜活的文化,非物质文化遗产是民众生活的重要组成部分,在当代仍然散发着独特的光彩和魅力,仍然是传承文化、推动社会发展的不竭动力,是文化创新的基础和源泉。因此,保护非物质文化遗产是每一个中华儿女的历史使命与责任。"[1]老字号非物质文化遗产是老字号工作者在长期生产和商业实践中创造的精神财富,是一代代老字号工作者的思想力、创造力和生存力的结晶,是支撑老字号传承和发展的核心内容,是激发老字号创新的重要力量,是老字号的文脉。[2] 我们要通过加大保护投入、创新保护方式,开发非物质文化遗产的经济、社会价值,推动老字号企业的可持续发展。

---

[1]　周和平.中国非物质文化遗产保护的实践与探索[J].求是,2010(4):44—46.
[2]　刘满来.非物质文化遗产是老字号创新发展的根[J].时代经贸,2010(6):14—15.

第二节　非物质文化遗产的社会价值审视
——基于生存资源的维度

　　非物质文化遗产是人类共同的文化财富,也是每个民族独有的文化资源。它积淀着人类文明的智慧和经验,担负着传承民族文化、维护国家文化安全和世界文化多样性的重要职责。中华老字号是中华民族珍贵的非物质文化遗产,在民族文化传承中具有独特的作用,商务部在颁布中华老字号认定办法的同时,也发布了中华老字号非物质文化遗产保护的办法,为中华老字号非物质文化遗产保护指明了方向。

一、非物质文化遗产彰显了每个民族独特的文化基因和精神特质

　　非物质文化遗产彰显了每个民族独特的文化创造力及其张力,是民族精神的结晶。首先,非物质文化遗产是特定历史环境和社会环境的产物,反映着不同民族的价值观、审美观和民族精神。作为一种民族性、地域性的文化产物,非物质文化遗产反映了一个民族的生产方式和生活方式,凝结着人类文化创造的智慧及其成果;它反映了不同民族的风土人情、历史传统和思想情感;它深深蕴藏着民族的文化基因和精神特质。总之,非物质文化遗产塑造并延续了民族一脉相承的生活态度和文化传统,形成特有的民族心理范式。

　　当今,全球经济与文化不断走向一体化,城市化和现代化正在侵蚀着传统的文化遗产,保护非物质文化遗产,为民族留下珍贵的文化记忆,是每个人应尽的责任和义务。

二、"非遗"传承担负着维护社会和谐与国家文化安全的责任

　　非物质文化遗产为人类的共同进步提供了珍贵的文化资源。它架构了人类文化交流与相互了解的桥梁;它创造了人类普适的价值形态,促进各民族和谐共生。作为群体性的生存方式,非物质文化遗产以集体创作、集体行

动、集体参与为特征,塑造了人们的共同意识与文化认同,使人们凝聚为共享意义、信仰和价值的社会有机体,已经成为维系社会人际关系的重要情感纽带。总之,非物质文化遗产强化了族群的文化联系和国家的文化认同,因此,对于有着众多民族的中国来说,非物质文化遗产在推进和谐社会建设,促进国际团结、地区安宁以及维护国家文化安全方面,具有不可估量的价值。

非物质文化遗产还蕴含着民族的价值观念、审美意识与文化记忆,因此,它也是现代民族国家共同体的构成基础与重要标识。在全球化时代,非物质文化遗产捍卫着国家文化主权,维护着国民文化身份,保障着国家文化安全,并对人类社会的可持续发展产生着重要影响。

三、非物质文化遗产维护了世界文化的多样性

人类社会本身就是一个绚丽多彩的世界。文化多样性是人类社会的基本特征,也是人类文明发展进步的动力,保护文化多样性是人类发展的必然要求。联合国教科文组织将人类文化多样性的保护和开发,放在极其重要的位置,主张各具特性的文化系统相互理解、尊重、包容,在共同发展的基础上构建丰富多彩的人类文化。2001年11月联合国教科文组织发布的《世界文化多样性宣言》指出,文化多样性"对人类来讲就像生物多样性对维护生物平衡那样必不可少"。2002年9月召开的第三届文化部长圆桌会议更是着重讨论了非物质文化遗产与文化多样性的关系,大会上通过的《伊斯坦布尔宣言》指出:"无形文化遗产的多种表现形式从主要方面体现了各民族和社会的文化特性,无形文化遗产是全人类的共同财富。"2005年10月第三十三届联合国教科文组织大会通过的《保护和促进文化表现形式多样性公约》指出,"文化多样性是人类的共同遗产,应当为了全人类的利益对其加以珍爱和维护"。

文化是不同文明之间增进理解、促进交流的重要基础,尊重文化多样性和在不同文化间开展对话是世界和平与发展的重要保证之一。建立在国际文化合作基础上的非物质文化遗产保护事业,将有利于推进不同文化之间的真正对话,增进国际团结与合作,维护世界和平。保护非物质文化遗产,

是在相互交流中保护自己的特色,使社会发展建立在尊重文化特性、对文化差异持包容态度的基础上,最终促进世界实现持久和平与公正。

第三节　非物质文化遗产的经济价值审视
——基于文化资本的维度

　　非物质文化遗产是人类文化的源头和核心内容,是人类过往生活的历史文化凭证,也是国情、民情的重要组成部分。因此,非物质文化遗产是民族文明宝库中十分丰富的资源素材和难得的文化资本。在世界经济发展方式日新月异、文化经济越来越受到重视的今天,重视非物质文化遗产的经济价值,具有极其重要的意义。[①]

一、非物质文化遗产从资源到资本的转换机理

　　麦克尔·哈特(Michael Hardt)和安东尼奥·奈格里(Antonio Negri)明确指出,20世纪从事文化的人可以不懂经济,从事经济的人可以不懂文化,但21世纪的我们必须既懂经济又懂文化,才能引领社会发展的潮流。[②] 随着文化创意产业的兴起,文化不再仅仅是抽象地、间接地作用于社会物质实践,而是将直接地进入社会实践,变为直接的生产力。如何变文化遗产为文化资本,是我们必须考虑的问题。

　　1990年,法国社会学大师皮埃尔·布尔迪厄(Pierre Bourdieu)最早提出"文化资本"的概念。他指出,文化资本有三种存在形式:①具体的状态,以精神和身体的持久"性情"的形式;②客观的状态,以文化商品的形式(图片、书籍、词典、工具、机器等),这些商品是理论留下的痕迹或理论的具体显现,或是对这些理论、问题的批判,等等;③体制的状态,以一种客观的形式,这一形式必须区别对待(就像我们在教育资格中观察到的那样),因为这种形

---

　　① 陈天培. 非物质文化遗产的经济价值[J]. 改革与战略,2006(5):99-101.
　　② 叶舒宪,黄湘. 符号经济·文化资本·文化情怀——叶舒宪访谈录[J].博览群书,2007(4):28-31.

式被赋予文化资本一种完全是原始性的财产,而文化资本正是受到了这笔财产的庇护。①

　　皮埃尔·布尔迪厄提出"文化资本"理论后,将其应用到社会学和文化研究中,在西方学界掀起了研究文化资本理论的热潮。澳大利亚麦考瑞大学经济学教授戴维·思罗斯比(David Throsby)的观点具有代表性,他认为:"文化资本是以财富的形式具体表现出来的文化价值的积累。这种积累紧接着可能会引起物品和服务的不断流动。与此同时,形成了本身具有文化价值和经济价值的商品。"②他将文化资本分为有形的文化资本和无形的文化资本两种:"有形的文化资本的积累存在于被赋予了文化意义(通常称为'文化遗产')的建筑、遗址、艺术品和诸如油画、雕塑及其他以私人物品形式而存在的人工品之中";"无形的文化资本包括一系列与既定人群相符的想法、实践、信念、传统和价值"。③ 进而,戴维·思罗斯比诠释了文化遗产到文化资本的转化机制:"无形的文化资本在其文化价值和经济价值之间有着不同的关系。举例来说,现存的音乐和文学的积累、文化风俗(习惯)和信念的积累或语言的积累,都有广泛的文化价值,但是却没有经济价值,因为它们不能作为财富进行交易。然而,有关这些无形文化资本的服务的流通会产生文化价值和经济价值。"④

　　由此,我们可以看到文化资本理论强调文化产品是客观化的经济资本和文化资本的统一。交换是文化资本得以转换生成的条件,通过交换可以将文化资源资本化,成为可以在文化产品中积淀和传递的象征资本(或信息资本),并最终在交换之后获取资本的收益。在没有进入交换之前,文化资本以资源的形式存在。在文化生产的过程中,文化资源借助经济资本得以

　　① [法]皮埃尔·布尔迪厄.文化资本与社会炼金术——布尔迪厄访谈录[M].包亚明,译.上海:上海人民出版社,1997:192—193.
　　② [澳]戴维·思罗斯比.什么是文化资本?[J].潘飞,编译.马克思主义与现实,2004(1):50—55.
　　③ [澳]戴维·思罗斯比.什么是文化资本?[J].潘飞,编译.马克思主义与现实,2004(1):50—55.
　　④ [澳]戴维·思罗斯比.什么是文化资本?[J].潘飞,编译.马克思主义与现实,2004(1):50—55.

转换成文化商品,实现从资源到资本的转化。在进入流通环节之后,文化资本又通过接受者的文化消费再次转换成经济资本的收益。因此,文化产品是在进入流通环节后,在可以交换的基础上才能够成为一种资本。依循这样的路径,非物质文化遗产必须实现从文化资源到文化资本的转化。在文化创意产业蓬勃发展的今天,如何使非物质文化遗产真正成为国家、民族提升文化竞争力的强大推动力,是值得研究和探讨的问题。

二、非物质文化遗产:打造差异化的中国文化产业发展之路

在自然资源濒临枯竭、生态环境不断恶化的今天,文化资本价值得到了前所未有的凸显。通过文化资本发展基于文化产业的创意经济,是人类社会的重要发展方向。生活方式的全球趋同化态势与传统文化的民族化趋势,几乎是同时产生的。正是由于全球化,人们对遥远国度的异域文化兴趣越来越浓,多元化、本土化成为一种世界性的潮流。因此,世界文化产业的发展在很大程度上有赖于文化的差异性,有赖于不同文化在形式与意义上的互补。文化的差异性是文化存在的基础,也是文化资源成为文化资本的前提。文化产品消费是一种差异性消费,没有独特性,没有区别于其他产品的独特的符号价值,文化产品就缺乏竞争力。所以,在当前文化全球化、文化同质化大行其道的语境下,发展文化产业首先就是要在文化差异中提取可用的文化资本。"差异性之于文化产品可以说能够点石成金,尤其是当我们的文化资源转变为文化资本时就显得更加重要了。"①

非物质文化遗产因其稀缺性和不可再生性而成为最能体现文化差异性的文化资源,因其在人类历史中的不可复制性而呈现出的独一无二性,成为促进文化产业发展的重要文化资本。非物质文化遗产为文化产业的发展提供了核心内驱力。非物质文化遗产作为重要的文化资源和文化资本,正是发展独具特色的民族文化产业不可或缺的条件和坚强后盾。

走"产业文化化、文化产业化"的新型产业之路是中国避开高污染、高消

---

① 李昕.符号消费——文化资本与非物质文化遗产[J].西南民族大学学报(人文社科版),2008 (8):132—135.

耗的工业生产模式,建立人与自然和谐发展的多样化社会的必然选择。所以,我们应当从经济价值的角度对非物质文化遗产进行整理和研究,打造新型产业样式,发展民族特色经济,为引领全球经济发展提供全新的路径。

三、非物质文化遗产:创意产业发展不竭的绿色资源和内容平台

作为特定历史时期、特定社会环境的产物,非物质文化遗产蕴含着精湛的技艺与丰富的知识,更负载着整个社会的意识形态、生活方式和价值观念,特别是它在日常生活中的实际功用价值,使得它与人们的生产、生活息息相关,其绚烂多彩的外在形式和深远厚重的文化内涵,彰显和改变着人们的审美意识。[①] 因此它不仅具有丰富的历史文化价值和精神传承价值,而且它本身具有重大的科学价值和审美价值。这既是非物质文化遗产最基本、最普遍的价值,又是其最深层、最核心的价值。

对于发展创意产业而言,非物质文化遗产更重大的价值在于它具有原创性,它的原创性决定了它具有独特性、唯一性、不可再生性、不可替代性和稀缺性。非物质文化遗产的这种稀缺性和不可再生性使其具有了经济价值的增值性,成为最能体现文化差异性的文化资源,并具备了进入创意产业、成为创意资本的潜质。[②]

非物质文化遗产因其所承载和蕴含的巨大而丰富的无形价值,而成为国家文化建设事业的一个重要组成部分。在创意产业的格局下,文化的符号价值占据着创意产业的核心地位,是支配创意产业发展最重要的因素。非物质文化遗产丰富的人文题材和厚重的民族文化内涵所呈现出的是各种文化符号的活态聚合,它所蕴含的丰富的文化符号可以为创意产业发展提供弥足珍贵的文化资源,为创意产品符号价值的生产提供原材料。

如今,创意产业已经成为中国着力发展的高端产业。任何国家的创意产业都离不开它的民族和区域,因此中国发展创意产业必须把握两大要点:一是在中国历史、民族文化传统的基础上,借鉴国内外成功的经验和依靠先

---

① 王宁.文化创意产业下中国传统工艺美术的时代转型[J].美与时代(上),2010(5):24—26.

② 李昕.文化全球化语境下的文化产业发展与非物质文化遗产保护[J].西南民族大学学报(人文社科版),2009(7):171—175.

进的科技生产力,实现从文化资源到创意资本的提取与转变;二是要立足中国的民族文化优势和民族文化特色,尤其是蕴含丰富的文化符号的非物质文化遗产,走出独具特色的创意产业发展之路。我们要珍惜和把握当下这一千载难逢的历史机遇,利用独特的非物质文化遗产资源为创意产业附加丰富的文化符号价值,使创意产业能够在国际竞争中显露身手。做到这一点,关键要有文化理解力和想象力并能够把握这种想象力。"人民的想象力是国家的最大资源。想象力孕育着发明、经济效益、科学发现、科技改良、优越的管理、就业机会、社群与更安稳的社会。"①

只要我们善于借助科技的手段、发挥文化的想象力,我们就可以将传统节日、饮食习俗、民族服饰、手工技艺、戏曲、建筑、绘画等非物质文化遗产所蕴含的文化符号转化成为发展创意产业的文化资源,如利用各类传统节日习俗发展旅游业,将民间曲艺推向演出市场,实现产业化运作,将各种民族元素融入服饰设计中,提升中国纺织产品的竞争力……总之,我们应该将中国丰富的非物质文化遗产转变为创意产业发展不竭的绿色资源和内容平台。

本章小结

本章从生存资源与文化资本两个维度审视非物质文化遗产的价值,探寻特色化、差异化的民族文化产业发展之路。作为重要的民族文化资源和文化传统,非物质文化遗产在全球化与现代化的浪潮下正面临严重的困境,民族文化特质在不断地被消解,随之而来的是民族文化认同感降低,给国家的文化安全带来了严重的隐患。非物质文化遗产保护是一个迫切而严峻的社会问题,厘清非物质文化遗产的社会价值与经济价值,对于保护与开发非物质文化遗产、发展民族特色文化产业,具有重要的现实意义。

---

① 上海创意产业园的建设与发展[R].中央党校高校哲学社会科学教学科研骨干研修班(第七期),上海:浦东干部管理学院,2006:15.

第四编

中华老字号的业态创新

第八章　中华老字号与中国特色创意产业发展

在 20 世纪 90 年代,欧美的经济学者就意识到资源短缺将制约人类社会的发展,并针对后工业社会的特点,努力寻找刺激经济发展的新动力。创意产业或称创意经济的概念应运而生,并在不断的实践中逐渐显示出强大的经济潜力。英国最先提出"创意英国"和"伦敦梦"的发展蓝图,进而在世界范围内掀起了创意产业发展的浪潮。

进入 21 世纪,创意产业在全球范围内蓬勃发展,其在一国经济发展中的地位全面凸显。在美国,创意产业已经成为第一大出口创汇产业,在美国国内的产业结构中成为仅次于军工业的第二大经济部门;在英国,创意产业早已成为仅次于金融行业的第二大产业。

以知识经济为核心内容的创意产业是新经济的重要表现形式,创意产业的兴起正改变着竞争的因素和竞争的模式。"资本和技术主宰一切的时代已经过去,创意的时代已经来临",这成为从硅谷到华尔街的流行语。

第一节　中华老字号是民族商业和民族文化结合的典范

中华老字号之所以有生命力,就是因为老百姓喜欢,有广泛的群众基础,传承了中华民族文化血脉,延续了中华古老文明精髓,形成了独特的商业文化和独到的经营理念。中国商业文化也因为有这些优秀的中华老字号而更加丰富多彩。至今,在日本、韩国和东南亚等海外市场,中华老字号因其深厚的文化底蕴和良好的市场信誉,依然具有强大的市场号召力。

中华老字号是民族商业和民族文化结合的典范，明朝正德年间著名晋商王现曾说："夫商与士，异术而同心，故善商者，处财货之场而修高行之明，是故虽利而不污，故利以义制，名以清修，天之鉴也。"商，商人也；士，士大夫。王现说商人和士大夫虽然所处的环境不同，但是精神上的境界是一致的。商人虽然处在经济之场所，但也要有高尚的情操，即"君子求利，取之有道也"。王现的这一番话道出了商业和文化不可分割的真谛。一直以来，中华老字号都遵循这一理念，只是表述有所不同而已。

明嘉靖年间的六必居的经营宗旨是："黍稻必齐，曲蘖必实，湛之必洁，陶瓷必良，火候必得，水泉必香。"

清乾隆年间的永德堂的经营宗旨是："永修仁德，济世养生。"永德堂药店以代代相传的技艺，精心挑选，精心加工，货色齐全，价格低廉。

清同治年间的胡庆余堂的经营宗旨是："戒欺""是乃仁术""真不二价"。

胡庆余堂中成药外包装

清同治年间的瑞蚨祥的经营宗旨是："诚信筑基，悦客立业。"瑞蚨祥门店是"悦客"的代表，顾客可以在这里歇脚、聊天、谈生意，还可以饮店里免费供应的名茶，而茶的质量决不含糊。哪怕做的是一笔小买卖，赚不到一壶茶钱，瑞蚨祥也决不敷衍。

清光绪年间的李锦记的经营宗旨是："务实诚信，思利及人。"

诚信是中国传统思想中最为核心的内容之一，《易·乾》曰："确乎其不可拔，乾龙也。"中华老字号的经营之本正是反映了这一最根本的思想，所以商业和文化的完美结合最终体现在这里。

第二节 传统文化是创意产业发展的重要资源

1998 年,英国创意产业特别工作组将创意产业界定为:"源自个人创意技巧及才华,通过知识产权的开发和运用,具有创造财富和就业潜力的行业。"《英国创意产业路径文件》中指出:创意产业通常包括广告、建筑艺术、艺术品和古董市场、手工艺品、时尚设计、电影与录像、互动休闲软件、音乐制作、表演艺术、出版业、软件开发及计算机服务、电视和广播等。

可见,创意产业是以文化为主题,以创意为核心,以产业发展为动力,最终促进文化与社会经济发展与繁荣的新型产业形式。当文化和创意经过一个技术化和产业化的转化与加工过程,成为市场上受欢迎的商品和服务时,文化和创意就变成了财富。

当今世界各国创意产业发展的大量实践告诉我们:创意产业所涉及的知识、智能和技术等要素,比普通的制造业与服务业更具多样性和灵活性,它是一个充满创造力和想象空间的崭新领域,创新思想的深度与创造思维的强弱从根本上决定着创意产业的实力和竞争力。因此,创意产业具有高知识性、高附加值性和高融合性的特征,它能够带动相关产业的融合发展,在推动区域社会经济发展的同时,还可以全面辐射社会发展的各个方面。

在这样的前提下,用与世界接轨的眼光来讨论在创意产业时代传统文化资源的作用和影响,就具有了非常重大的现实意义。如何抓住创意时代的机遇实现传统文化与现代科技的融合?如何在融合中实现传统文化资源的市场化、产业化、规模化与国际化?如何充分利用我国丰厚的传统文化资源这一优势,走出独具特色的创意产业发展之路?这些都是每一个关注与关心中国社会经济的全面协调和可持续发展的人应认真思考的问题。

创意产业的发展高度依赖于文化,而传统文化可以为创意产业发展提供丰富的资源与素材。历史悠久、丰富多彩的文化遗产使中国成为一个优秀文化的生产基地,丰富的文化资源将是中国发展创意产业的一笔宝贵的财富,中国传统文化展现风采的舞台正是在中华大地蓬勃发展的创意产业。

只有将厚重的历史积淀与现代风貌完美结合,只有内生于充满历史印迹和文明符号的人文与地理环境,高端文化创意产业才能蓬勃发展。同样,也只有在创意产业的熔炉中经过现代化与科技化的淬炼,源远流长的中华文化才能得到传承和创新,才会产生广泛的国际影响,才能让"感知中国人文,了解中国文化"成为一种真正的国际时尚。

但是,民族文化资源并不一定就能变成经济与文化实力。"基于民族文化元素的增值效应来自于对不同人群消费口味的尽可能满足,使同一种产品能根据消费的构成产生不同的当期消费效果(表现为消费者剩余的提高),在后期则产生一种能延长产品生命周期的'记忆消费',并带动衍生产品或服务的生产与消费。例如,一部好的作品能够让一个小城镇声誉鹊起,让世界瞩目,让旅客纷至沓来。创意产品与城市品牌之间的价值依存关系,也为城市老字号企业或产品品牌恢复生机提供了渠道。因此,创意产业不仅包含了'创造性的破坏',而且更重要的则在于基于历史文化传承与超越的价值体系重构效应。"①因此,只有在创意产业中将传统文化资源与现代科技融合,通过科技的提炼、经济的转移与产业的转换,传统文化的价值才能得到有效的萃取,进而发挥传统文化资源的资本效力。唯其如此,中国的创意产业才能在全球文化的竞争浪潮中显露身手。

例如,迪士尼乐园何以能够风靡全球?因为迪士尼乐园是美国大众文化与创意产业成功结合的杰作,把已然成为美国文化象征与标志的喜剧动画《米老鼠和唐老鸭》中的幻想元素以及色彩等表现手法与游乐园的功能相结合,并层出不穷地开发各类周边产品。

国内也有不少成功的案例。比如浙江宋城集团,经过创意的提炼与运用,将民族文化资源转化为绿色经济资源。其第一个创意产业项目——宋城主题公园的灵感,就发掘自杭州深厚的宋代历史文化积淀,通过精彩纷呈的各种表演和游艺项目,突出体验和互动的创意经济特点,让悠久的饮食文化、建筑文化、婚俗文化、街坊文化、服饰文化等变得时尚而鲜活。再如广西桂林的大型山水实景演出《印象·刘三姐》,集漓江山水、广西各地少数民族

---

① 胡彬.创意产业价值创造的内在机理和政策导向[J].中国工业经济,2007(5):22-29.

文化及张艺谋等著名艺术家的创意于一体,采取将演出舞台置放在山水实景之中的新形式,通过全新的手段成功诠释了人与自然的和谐关系。文化与创意的完美结合,使《印象·刘三姐》成为桂林旅游业中最强劲的经济增长点。

　　总之,创意产业依靠的是创造力,借助高科技对传统文化资源进行转化与再创造,赋予文化资源全新的生命活力和令人震撼的感召力,而不是对传统文化的简单复制。

本章小结

　　本章从民族文化资源和创意产业融合的角度,阐述从文化资源到创意资本的转化方式和途径。创意产业不同于其他产业,它必须是以人为本的、服务于人的丰富的精神需求的,强调凸显最优秀的文化传统。因此,我们应该充分挖掘、整合、利用并优化中华民族丰富的文化资源,用文化创新的方式,创造性、开拓性地把民族文化资源转化为创意资本,使其产生巨大的社会效益和经济效益;通过扶持具有浓郁中国特色的文化创意品牌,继承和发展民族文化的精神内核,丰富中国创意产业发展的内涵,助力社会主义和谐社会建设。

第九章 中华老字号创新发展的机理与路径

——基于文化资源与创意经济融合的视角

在近几十年里,全球经济发展日新月异,总体趋势是从建立在物质原材料基础之上的旧产业模式转变到创意经济模式:经济发展的关键因素不再是商业、服务和资本的流动,而是对于创造性人才的争夺。因此我们把即将到来的这个时代称为创意经济时代,在这个时代,创意将逐步成为经济发展的首要推动力。创意产业是一种推崇创新、强调文化创意和科技创新对经济的支持与推动的新兴产业,将成为财富的最重要来源。

在经济全球化的大背景下,创意产业的发展规模和程度已经成为一个国家或地区综合竞争力的重要标志。"美国乃至整个世界所面对的真正挑战是,如何建立起这样一个真正的创意社会,让它来疏导创意经济的能量大潮。"①未来经济的繁荣确实得依靠我们每个人尽可能地发挥自己的智慧和能量。

第一节 中华老字号创新发展的机理

一、创意产业促进经济发展方式的转变

在全球经济进入以知识为核心竞争力的时代背景下,文化要素和人的

---

① [美]理查德·弗罗里达.创意经济[M].方海萍,魏清江,译.北京:中国人民大学出版社,2006:136.

创造力成为推动经济增长的主导要素,这种主导要素的变迁带动了创意产业的蓬勃兴起,也逐渐改变了经济增长的模式。通过发展创意产业促进经济增长方式的转变也已经成为国外发达国家和地区普遍采取的重要战略举措。

"世界创意产业之父"、英国经济学家约翰·霍斯金(John Howkins)把属于自然科学中各个部门的专利研发活动纳入创意产业,将创意产业界定为其产品都在知识产权法的保护范围内的经济部门。他认为版权、专利、商标和设计产业四个部门共同构建了创意产业和创意经济。可见,创意产业是科技和智力的产业,它具有创新性、渗透性、高增值性的特点。这些产业特点决定创意产业对资金、土地和其他固定资产等有形资源要素要求的降低,更多的是依靠人的智慧、创意和科技手段的应用。因此,创意产业是一个与个人创造力、与知识产权相关的全新的产业概念,高级人力资本、知识产权资本、技术资本和文化资本等软性资本成为创意产业的核心驱动要素,其中特别注重人的创造力与文化要素的推动力。[①]

基于对资源广泛性和动态性的认识,对人的创造力的发挥和市场的把握,对创新以及文化艺术对经济的支持与推动的强调,创意产业促进了经济发展方式的转变。其一,创意的运用,使经济发展能够更多地依靠文化资本和社会资本等软性要素的驱动,实现发展方式的转变;其二,通过创意与科技的结合、创意与市场需求的结合,用无限的创意突破有限的资源约束,促进经济增长向软驱动方式转变。

二、创意产业强调文化与产业的融合

创意经济是一种新的经济形态,它是基于人的创造力,把文化和经济进行创造性融合的经济形态,因此它具有无限的发展潜力。创意产业已经成为这一新的经济形态的新引擎。在创意经济时代,商品的生产是一个意义生产的过程,商品的交换和消费变成了文化和意义的交换和消费。文化作

---

① 厉无畏,王慧敏.创意产业促进经济增长方式转变:机理·模式·路径[J].中国工业经济,2006(11):5—13.

为品牌创意的基础和源泉，通过创意渗透于生产过程所创造出来的具有象征价值、社会意义和特定文化内涵的产品和服务，成为生产和消费的主要内容。

创意产业并非单指某一种产业，而是一个与个人创造力、知识产权相关的产业概念。创意产业的根本观念是通过"越界"促成不同行业、不同领域的重组与合作。因此从这个意义上讲，创意产业具有极高的附加值，是一个"引擎"产业，是其他产业的助推器，它能带动整体经济的发展。

创意产业强调文化与第一产业、第二产业、第三产业的融合和渗透。产业融合已经使产业间的界限趋于模糊，产业的发展模式也突破传统框架形成了新的范式。从产业角度看，创意产业是文化价值与商业价值的同步实现。因此，创意产业超越一般产业的单一经济目标，在经济、社会以及人本身发展上的多元目标是其在新发展格局下的真正魅力所在。文化、科技和经济的融合发展形成的创意产业已经成为经济发展的新的增长点，它加快了产业结构升级的步伐。随着经济的发展，创意产业在产业链的分解和整合中的作用将会越来越大。

总的来说，创意产业的本质特征在于其强调对经济增长新核心要素的把握，以及对新的产业结构通道的建构，强调创意经济时代人们思维方式的转换、经济发展模式的创新。创意产业对经济增长方式转型的推动超越了一般的经济层面，它促进了人与自然、经济、社会的和谐发展。

第二节　中华老字号创新发展的路径

中华老字号具有不可比拟的历史文化价值，这是老字号品牌核心价值的基础。但是近些年来，随着新技术革命和互联网的崛起，中华老字号在商业新业态发展和市场竞争加剧的环境中，企业经营机制转换普遍滞后，创新能力不足，加上城市建设而被拆迁、企业改革改制而被拍卖等因素的影响，相当数量的中华老字号逐渐被市场边缘化，甚至退出市场，而尚存于世的诸多老字号大多经营效益不佳。其主要症结在于：管理机制落后，创新缺位，产品开发滞后,品牌老化严重,未能顺应市场环境、消费者需求和传播环境的变化。中华老字号推进现代企业制度建设,根据市场需求转型升级比较成功的,有贵州茅台、全聚德、同仁堂、五粮液等,但实属凤毛麟角。

中华老字号大面积的衰败是一个非常令人痛惜的现实。在时代大变迁中,老字号充分挖掘和利用自身的优势,借助创意经济的强大引擎,探寻振兴的路径和对策,是一个有重大意义的命题。

一、前提:中华老字号文化资源是重要的创意资源

创意产业是以创意作为核心驱动力和根本标志,是文化、经济和技术等相互融合的产物,它既以文化产业为内容平台,又超越文化产业。因此文化资源是创意资源的重要组成部分,是创意产业的孵化器和创意经济的载体。中华老字号文化资源是老字号在长久的生产与发展以及传承与变迁中创造的物质财富和精神财富的总和,是创意经济发展重要的绿色资源和内容平台。因此,中华老字号文化资源能够实现与创意经济的无缝融合。有效地开发和利用自身文化资源,在创意经济的框架下开创发展的新局面,是中华老字号创新发展的一条绿色路径。

中华老字号的文化资源至少有两种利用方式。第一,文化资源可以通过创意开发实现市场运作,即以创意为核心,对文化资源进行商品化经营。比如老字号的经常场所、历史建筑、物质遗产、非物质遗产以及独特工艺等,都具有很大的开发价值,老字号可以通过旅游观光、休闲体验、文化场景消费等形成强大的经济效能。第二,进行中华老字号产品的文化再包装与价值挖掘,即通过融入基于文化资源的创意内涵、以文化资源为附加元素来增加产品的附加值。①

将中华老字号文化资源置于创意经济的视域,在创意的驱动下实现经济价值的开发,既赋予了中华老字号更鲜活的生命力和更强大的感召力,又推动了传统文化的持续性发展;既拓展了中华老字号传统文化资源的利用方式和渠道,又是对中华老字号文化资源保护方式的创新和对中华老字号

① 张雷.地方文化资源与创意经济的融合机理分析[J].理论学刊,2009(7):59—62.

文化资源最好的继承。

　　文化资源是一种软实力、一种重要的生产资料和战略资本，在创意经济的推动下，文化资源具有极强的渗透力和辐射力。中华老字号基于自身文化资源的优势，通过创造性活动，以其文化资源为元素，以创新为核心，以知识资本运作为手段，可以实现对传统文化资源的传承、保护、开发利用和再创造，并最终实现中华老字号向创意企业的转型发展。

二、关键：中华老字号基于文化资源的创意提炼

　　创造力正在取代资本成为经济增长的主要源泉。创造力虽然罕见，却不受资本以及有形商品可获得性的限制。在这种全新的商业环境里，创意就是金钱。事实上，好的创意就是一种崭新的通货形式——它甚至比金钱本身更加强大有力。一个独特的创意——尤其是当它与一个伟大的品牌概念相关时——可以彻底改变一个公司的未来。

　　创意产业注重内容创新与内容发掘。比如《哈利·波特》在内容生产上把神话、巫术与科学、文化等知识元素熔为一炉，形成内容创新的丰富的符号世界与产业元素，以及文化产业内容再生产的放大效应和经济规模。

　　在内容生产的后制造时代，文化创意产业已形成服饰文化制造业、饮食文化制造业、医药文化制造业、礼仪文化制造业、形象文化制造业的系统工程与创新要素，从依赖工业资本、商业资本、经济资本等物质资本转向依赖社会资本、人力资本等非物质资本，并逐渐形成了一整套文化博弈的后工业文明竞争要素。

　　中华老字号拥有丰富的建筑文化、医药文化、饮食文化、服饰文化、仪式文化等文化资源，其中的每一项知识元素与文化符号，都可以作为产业元素进行创意经济的内容再生产，发展旅游产业、休闲产业、餐饮服务业、服饰产业、教育咨询业等，实现由建筑资源、医药资源、餐饮资源、生态资源等的物质材料生产向非物质经济生产的转变，进而实现物质财富的人类学还原与文化再生产。这个过程即"文化资源化"和"文化再生产"的过程。

　　中华老字号关于历史的文化想象与人文符号、关于科学的艺术想象与审美符号，都有着资源动员的知识元素与产业元素，有着内容再生产的文化

创新、文化制作与文化资本要素,每一个知识元素的文化制作与产业元素的文化资本都可以拿出来做单向的符号交易与产权贸易。① 在全球创意产业方兴未艾的背景下,中华老字号的文化资源一旦与创意经济有效对接,就会如核裂变一样,释放出惊人的能量。

三、路径:中华老字号基于文化资源的创意体验

在 5000 多年的中华文明史中,中华老字号曾对亚洲乃至全球的经济和文化都发挥过重要影响,留下了诸多珍贵的历史烙印,形成了以汉字为文化符号的东亚品牌文化圈。韩国国家博物馆保存着唐宋时期产于杭州和湖州的铜镜;日本更是吸纳和传承了许多中华老字号的文化遗产,日本把中药称为"汉方",一些著名的医药厂家至今还生产着源自中华老字号的汉方,而日本著名的瓷器"有田烧"和"香兰社"都源自中华老字号。因此,中华老字号具有发展文化创意产业的天然基因。

创意产业与传统产业最大的区别在于,创意为产品或者服务提供了实用价值之外的文化附加值,最终提升了产品的经济价值。创意经济发展的重要社会背景在于,"体验经济"已经逐渐成为继农业经济、工业经济和服务经济之后的一种新兴经济形态,而创意产业正是以消费者体验作为基础,通过文化力量来创造消费回忆。现在的消费者在消费时想要得到的是一种精神文化生活体验,是创意的产品和服务。竞争对手之间有什么区别或差异?特色在哪里? 差别和特色不仅体现在产品所能提供的惠益上,更体现在消费者的全程体验中。消费者通过创意体验,在获得了情感愉悦和物质享受的同时,还会通过社交媒体等影响其他消费者,这种口碑传播获得的市场效益甚至胜过大手笔的广告投入,同时来自消费者的意见反过来会影响产品的设计和营销模式。

对于中华老字号而言,必须拓宽思维,以一种更加全面、更富创意的视角进行思考,跳出仅仅提供产品的功能性惠益的层面,与消费者缔结一种全新的关系,营造与众不同、值得回味、更加合意的消费体验。中华老字号应

----

① 皇甫晓涛.文化资本论[M].北京:人民日报出版社,2009:157.

该以深厚的文化根基作为支撑，把文化的符号性特征纳入品牌形象的设计之中，并通过文化产品的体验式消费来引发品牌联想，实现对传统文化的传承和对现代精神的塑造。[①] 此外，从现有的、历史的、民族的、民间的各种人文景观中发掘文化元素是中华老字号品牌创新的重要途径。通过独特的创意手段和表现技巧激活文化资源，可以增强中华老字号品牌的表现力和吸引力，而这归根结底是一种文化的张扬与创新。

第三节　中华老字号文化创意产业园的创建构想

融合中华老字号与文化创意产业，创新中华老字号的发展路径和商业模式，实现跨界经营，对中华老字号来说，既是挑战，也是难得的发展机遇。中华老字号资源具有文化独特性、历史传承性、资源稀缺性和不可复制性，一些地方政府以前瞻性的理念对中华老字号进行了有效的资源整合与对接，创新和超越了原有的中华老字号的业态特征，融合了旅游休闲、娱乐购物、电子商务等新型产业形态，使中华老字号的品牌效应得到了充分放大，大大拓展了其发展空间，为中华老字号在新形势下的振兴提供了新的思路。如杭州市政府对中华老字号聚集地清河坊街进行了规划重建，融合旅游休闲产业，不仅带动了中华老字号企业的转型升级，获得了新的市场机遇，而且使清河坊街成为人气旺盛的新的旅游景点，为开发旅游资源提供了新的思路。北京市政府打造前门中华老字号一条街，在注重拓展旅游景观资源的同时，更注重保护地方性物质文化遗产和非物质文化遗产，使之成为保留和传承地方历史文脉的文化走廊。

一、创建中华老字号文化创意产业园的思路

中华老字号传统的生产经营基本上单打独斗型的，后工业化时代的生产经营是资源整合型的。文化创意产业园恰恰是资源对接与整合的优质平

---

① 陈亚民.符号经济时代文化产业品牌构建战略[J].经济社会体制比较,2009(7):188—191.

台,通过不同产业链环节的分工合作,优化资源配置。

(一)具有鲜明特色的文化资源有助于形成差异化竞争优势

就文化而言,中华老字号是中华民族的非物质文化遗产;就产业而已,中华老字号是中国传统商业与制造业的传承者。因此,它是最能代表中华民族文化与商业智慧的瑰宝,也是经过千百年的传承、淘汰而得以保留的佼佼者。在古代,中华老字号就曾经作为传播中华文化的载体远播海外,为中国赢得了不尽的荣誉,日本传统商业的吴服店,就打上了中华老字号的历史烙印。今天,在日本的银座我们还能看到已经本土化了的源自杭州的径山茶庄。可见,中华老字号与文化创意产业有着历史的天然联系,具有把文化资源转化为商业资源的独特优势。从文化创意产业的角度来说,中华文化源远流长,历史悠久,实现文化资源向商业资源转化的空间很大,而且我国区域文化差异很大、地方特色鲜明、资源各不相同,能够形成不同区域的文化创意产业的差异性;从商业的角度来说,中华老字号又能以各地的历史文化传承为依托,通过老字号产品承载当地文化基因,形成具有地方特色的文化差异性。而差异化是打造核心竞争力的法宝。

(二)以文化创意产业园为依托,从根本上改变中华老字号的产业聚集方式和产业链构成模式

中华老字号有强大的文化资源和品牌优势,但是长期以来缺乏现代经营管理方式的吸纳,导致整个行业的萎缩与式微。北京的同仁堂、全聚德,浙江的胡庆余堂、五芳斋等中华老字号企业,通过资本运作、拓展营销体系、品牌创新等举措,已经创出了一条新路,为中华老字号企业树立了榜样。中华老字号产业的整体重构,包括生产研发与技术创新、企业识别体系的推广、先进的市场营销与品牌传播机制的建立等,都必须有一个高效的资源支撑与对接系统,才可能形成产业链的集群效应。而文化创意产业园能够在一个集中的区域内,以较小的成本、较高的效率和专业的水准,提供功能完备的产业与资源整合平台。可见,中华老字号文化创意产业园的提出,并不仅仅是创造一个新的概念,而是要把中华老字号作为一个产业,在宏观层面营造一个全新的平台和发展空间。

（三）以文化创意产业园与中华老字号的对接为契机，转变经济发展方式

经过 40 年的改革开放，我国经济由以劳动密集型、资源消耗型和粗放的生产加工型为主导的低附加值的产业形态，正在向以科技创新为支撑、以质量管理为先导、以品牌营销为手段的高附加值的产业形态转变。但是，体制的僵化、科技创新的薄弱、经营管理方式的落后，以及具有国际竞争力品牌资源的匮乏，都严重影响着经济的发展。近年来，我国大力发展文化创意产业的目的，就是要通过增加传统产业的文化创意内涵，来提升产品的附加值和竞争力，实现由低附加值的产业链末端向高附加值的产业链的顶端的转变。文化创意产业涵盖了诸多的现代产业形态和资源，也体现了当今先进的生产经营方式与管理理念。这些资源对于中华老字号具有很重要的借鉴意义。但是，由于一哄而上，加之许多地方缺乏科学的规划论证和有效的资源支撑，文化创意产业园的建设出现了重复建设、产业模式雷同、效益低下等问题。文化创意产业陷入缺乏创意的尴尬境地。创建中华老字号文化创意产业园无疑为打造差异化、个性化的文化创意产业提供了一个全新的概念和切入点。中华老字号本身兼具文化与产业的双重属性，产业兼容性强，拓展与延伸空间大，从传统的服务业、生产制造业，到现代的旅游业、休闲娱乐业等，均能兼收并蓄；向产业上游延伸，则又能涵盖现代设计、包装、物流、广告传播等诸多领域。

二、创建中华老字号文化创意产业园区的策略

在全球大力发展文化创意产业的背景下，为推动中华老字号企业的转型升级，应当整合中华老字号的资源，打造中华老字号的聚集平台，充分利用中华老字号的文化资源与商业资源，构建老字号文化创意产业园区；应当重视中华老字号的历史地位、现实意义及其世界性价值，挖掘和激活中华老字号的巨大商业价值，使老字号文化创意产业园区能够形成规模效应、整合效应、创新效应、示范效应和延展效应，培育中华老字号的全新业态和创新范式。2010 年 12 月 9 日，本书作者策划的中国第一个中华老字号文化创意产业园在杭州中华老字号企业王星记正式开园，拉开了中华老字号文化创意产业发展的序幕，"世界创意产业之父"约翰·霍金斯于 2011 年专程来考

察,并给予高度评价,认为开创了文化创意产业发展的新模式。2011 年 8 月
19 日,北京西城区宣布在拥有 600 年商业历史街区的大栅栏,建设中华老字
号聚集区,在 5 年内整合 50 家老字号企业入驻,形成多主题、深度体验的中
华老字号体验消费区。这是继杭州首家中华老字号文化创意产业园之后,
第二个中华老字号文化创意产业园区,把中华老字号文化创意产业融合推
向了新的高度。

创建中华老字号文化创意产业园区应因地制宜,统筹策划,把握国家文
化创意产业发展政策,抓住区域经济转型升级契机,兼顾经济效益与社会
效益。

（一）争取国家优惠政策的支持

为了鼓励、扶持文化创意产业的发展和繁荣,中央及地方政府相继出台
了一系列鼓励、扶持文化创意产业发展的政策,并配合出台了大批的优惠政
策,如税收政策、土地政策、创业政策、就业政策等。

创建老字号文化创意产业园区,必须研究国家及地方政府的相关政策,
依据这些政策规定进行园区的规划、设计,争取享受相关优惠政策,从而为
老字号文化创意产业园区的立项、审批、开发、建设、招商、融资、推广、管理、
运营等创造优越的先决条件。

（二）以本地老字号企业为支撑

创建老字号文化创意产业园区,必须以本地的中华老字号企业为基础
力量,为本地中华老字号企业提供具有地缘优势的基础条件,并将地方中华
老字号企业的历史渊源、商业文化等作为老字号文化创意产业园区的"底
色"。

（三）开发老字号商业地产

老字号文化创意产业园区的地产开发,一是要规模大,充分体现规模效
应;二是既符合老字号生态特征,又符合地产开发规律,最好以老字号商号
地产为主导,辅以商务地产、院校地产、会馆地产、酒店公寓地产的开发。

（四）打通老字号产业链

老字号文化创意产业园区以中华老字号产品、商品贸易销售为主业态,
同时进行产业链双向拓展。一是向老字号产业链上游延伸。以中华老字号

相关机构以及老字号学者、专家、业界权威为依托组建智库,工作内容包括:中华老字号政策解读、中华老字号发展战略咨询、中华老字号品牌策划、中华老字号形象包装、中华老字号企业上市顾问、中华老字号销售渠道规划等。二是向老字号产业链下游延展。比如:中华老字号销售渠道建设,连锁加盟招商,传统技术教育培训,老字号纪念品与周边产品开发,老字号包装的创意设计,等等。

(五)形成"老字号游"新产品

老字号文化创意产业园区的总体设计规划,应以旅游业为园区产业链不可分割的重要组成部分,将旅游相关元素进行创意组合。比如,餐饮、休闲、娱乐、购物等都是旅游产业链中的主力要素,把这些要素与园区的建筑、门牌、街道、回廊、凉亭等进行整体布局;对园区周边的名人故居、风景名胜区、博物馆等进行有机整合,推出不同类型的精品旅游线路。同时,重点突出观赏性,包括园区街道布局的观赏性、广场巡游的观赏性、传统演艺节目的观赏性等。

本章小结

与以往的漠视相比,今天的人们对中华老字号有了全新的认识和前所未有的重视,这在观念上是一个巨大的进步。人们已经意识到,中华老字号不仅是中华民族重要的文化资源,也是不可多得的商业资源。

本章基于创意经济的时代背景,从中华老字号文化资源与创意资源的融合、中华老字号文化资源的创意提炼、中华老字号基于文化资源的创意体验这三个层面,探讨了中华老字号创新发展的机理与路径。

参考文献

［1］Brown S，Sherry K J F．Teaching old brands new tricks：Retro branding and the revival of brand meaning［J］. Journal of Marketing，2003，67（3）：19-33.

［2］Keller K L．Managing brands for the long run：Brand reinforcement and revitalization strategies［J］. California Management Review，1999，41（3）：102-124.

［3］Lehu J. Back to life！Why brands grow old and sometimes die and what managers then do：An exploratory qualitative research put into the French context［J］. Journal of Marketing Communications，2004，10（2）：133-152.

［4］Morton W B. Forging new Values in uncommon times［M］// Lee A J.（ed.）．Past Meet Future：Saving America's Historic Environments. Washington，DC：The Preservation Press，1992.

［5］［德］艾尔布莱特·罗赛切.品牌背后的故事：企业文化与全球品牌［M］.黎晓旭，译.桂林：广西师范大学出版社，2006.

［6］［日］坂本光司.日本最了不起的公司：永续经营的闪光之魂［M］.蔡昭仪，译.银川：宁夏人民出版社，2010.

［7］陈建宪.非物质文化遗产与创意产业［J］.文化遗产，2007（1）：140－143.

［8］陈天培.非物质文化遗产的经济价值［J］.改革与战略，2006（5）：90－101.

［9］陈欣.汉魏六朝诗中团扇意象及其文化意蕴［J］.北方论丛，2011

(4):19—22.

　　[10] 陈亚民.符号经济时代文化产业品牌构建战略[J].经济社会体制比较,2009(7):188—191.

　　[11] 陈志平.老字号商法[M].广州:广东经济出版社,2000.

　　[12] [澳]戴维·思罗斯比.什么是文化资本?[J].潘飞,编译.马克思主义与现实,2004(1):50—55.

　　[13] 杜弘,朱家玮.品牌文化与老字号的发展[J].中国品牌,2007(5):92—96.

　　[14] 杜玖月.凝固的音乐是怎样流动起来的——建筑审美与城市建筑的多样性[EB/OL].(2007-07-24)[2017-12-30].http://sept09.blogchina.com/333221.html.

　　[15]葛剑雄.文化遗产靠大家保护,也靠大家创造[EB/OL].(2006-06-10)[2017-12-30].http://gejianxiong.blog.sohu.com/110507047.html.

　　[16] 何佳讯,秦翕嫣,杨清云,等.创新还是怀旧?长期品牌管理"悖论"与老品牌市场细分取向———一项来自中国三城市的实证研究[J].管理世界,2007(11):96—107.

　　[17] 胡彬.创意产业价值创造的内在机理和政策导向[J].中国工业经济,2007(5):22—29.

　　[18] 胡小云,蔡娴.看"中华老字号"行现代品牌传播[J].广告大观(理论版),2006(2):23—29.

　　[19] 胡晓云.老字号,以自己的方式述说着中国[J].中国广告,2010(2):62—63.

　　[20] 皇甫晓涛.文化资本论[M].北京:人民日报出版社,2009.

　　[21] [美]凯文·莱恩·凯勒.战略品牌管理[M].李乃和,等,译.北京:中国人民大学出版社,2003.

　　[22] 孔微巍,谭奎静,秦伟新.中华老字号的品牌传承和创新[J].经济研究导刊,2007(11):46—48.

　　[23]李春霞.我国非物质文化遗产保护现状思考[J].盐城师范学院学报(人文社会科学版),2009(6):38—41.

[24] 李相五.中国餐饮业老字号的民族文化研究[D].北京:中央民族大学,2006.

[25] 李昕.符号消费——文化资本与非物质文化遗产[J].西南民族大学学报(人文社科版),2008(8):132—135.

[26] 李昕.文化全球化语境下的文化产业发展与非物质文化遗产保护[J].西南民族大学学报(人文社科版),2009(7):171—175.

[27] [美]理查德·弗罗里达.创意经济[M].方海萍,魏清江,译.北京:中国人民大学出版社,2006.

[28] 厉无畏,王慧敏.创意产业促进经济增长方式转变:机理·模式·路径[J].中国工业经济,2006(11):5—13.

[29] 梁保尔.城市老字号的文化内涵与旅游开发明[J].旅游科学,2007(4):24—30.

[30] 林国建,宋伟.中华老字号企业品牌文化的创新发展[J].管理科学文摘,2006(12):54—55.

[31] 林锡旦.中国传统雅扇[M]北京:人民美术出版社,2005.

[32] 刘满来.非物质文化遗产是老字号创新发展的根[J].时代经贸,2010(6):14—15.

[33] 刘满来.老字号的非物质文化遗产保护[J].北京观察,2008(1):34—36.

[34] 卢泰宏,高辉.品牌老化与品牌激活研究述评[J].外国经济与管理,2007(2):17—23.

[35] 路曼曼.中国背景下消费者怀旧测量及与老品牌信任关系的初步研究[D].上海:华东师范大学,2008.

[36] [美]罗纳德·E.耶茨.龟甲万公司的营销创举[M].陈慧静,译.北京:机械工业出版社,2003.

[37] 吕福新.理念:长久性企业的灵魂——读《基业长青》的感知与认识[J].管理世界,2003(9):151—153.

[38] 林锡旦.中国传统雅扇[M].北京:人民美术出版社,2005.

[39] 吕洪年.创建杭州中华老字号博物馆的理论思考[J].杭州通讯,

2006(11):28—29.

[40][美]马克·戈贝.情感品牌[M].向桢,译.海口:海南出版社,2004.

[41][法]让·诺尔·卡菲勒.战略性品牌管理[M].王建平,曾华,译.北京:商务印书馆,2000.

[42]潘忠党.架构分析:一个亟需理论澄清的领域[J].传播与社会学刊(台湾),2006(1):23.

[43]彭冬梅.面向剪纸艺术的非物质文化遗产数字化保护技术研究[D].杭州:浙江大学,2008.

[44][法]皮埃尔·布尔迪厄.文化资本与社会炼金术——布尔迪厄访谈录[M].包亚明,译.上海:上海人民出版社,1997.

[45]单霁翔.重视老字号的保护与发展[J].中国文物科学研究,2006(4):1—8.

[46]单霁翔.城市文化建设要避免8个误区[N].新华日报,2007-09-28.

[47]申茂平.非物质文化遗产的教育传承及其实现途径[J].教育文化论坛,2009(1):49—53.

[48][日]深见东州.营销力:日本企业制胜之本[M].田子琪,译.北京:经济管理出版社,2007.

[49][英]史蒂文·蒂耶斯德尔,[英]蒂姆·希思,[土耳其]塔内尔·厄奇.城市历史街区的复兴[M].张玫英,董卫,译.北京:中国建筑工业出版社,2006.

[50]宋才发.中国:侵权行为认定与赔偿[M].北京:中国民主法制出版社,2001.

[51][美]苏珊·瑟拉德.美国联邦商标反淡化法的立法与实践[J].外国法译评,1998(4):1—9.

[52]谭志国.新农村文化建设视角下的非物质文化遗产保护与开发[J].安徽农业科学,2011(4):2235—2237.

[53]唐敏."老字号"新尴尬[J].瞭望,2006(34):50.

[54] 王君凤. 中华"老字号"的品牌国际化战略研究[D]. 青岛: 青岛大学, 2008.

[55] 王宁. 文化创意产业下中国传统工艺美术的时代转型[J]. 美与时代, 2010(5): 24—26.

[56] 王文媛, 敖静海. 中华老字号品牌文化创新探析[J]. 商场现代化, 2009(1): 324—325.

[57] 王文章. 非物质文化遗产保护国际学术研讨会(2004)论文集[C]. 北京: 文化艺术出版社, 2005.

[58] 王宇信, 等. 中国古代文明与国家形成研究[M]. 北京: 中国社会科学出版社, 2007.

[59] 吴主贵, 华飞, 主编. 四库全书精品文存(第20册)[M]. 北京: 团结出版社, 1997.

[60] 叶舒宪, 黄湘. 符号经济·文化资本·文化情怀——叶舒宪访谈录[J]. 博览群书, 2007(4): 28—31.

[61] 叶舒宪. 非物质经济与非物质文化遗产[J]. 民间文化论坛, 2005(4): 19—25.

[62] 佚名. 安徽泗县拆北宋近千年古寺建商品房[N]. 新京报, 2010-08-18.

[63] 袁锦贵. 浙江"老字号"文化旅游资源开发利用的模式与途径[J]. 兰州学刊, 2010(6): 82—85.

[64] (清)袁枚. 随园食单[M]. 沈阳: 万卷出版公司, 2016: 205.

[65] [英]约翰·霍金斯. 创意经济: 如何点石成金[M]. 洪庆福, 孙薇薇, 刘茂铃, 译. 上海: 上海三联书店, 2006.

[66] 张俊浩. 民法学原理[M]. 北京: 中国政法大学出版社, 1997.

[67] 张雷. 地方文化资源与创意经济的融合机理分析[J]. 理论学刊, 2009(7): 59—62.

[68] 赵冬菊. 博物馆与非物质文化遗产的互动[J]. 广西民族研究, 2006(2): .

[69] 赵静蓉. 怀旧文化事件的社会学分析[J]. 社会学研究, 2005(3): .

[70] 赵静蓉.想象的文化记忆——论怀旧的审美心理[J].山西师大学报(社会科学版),2005(2):54-57.

[71] 郑成思.知识产权论[M].3版.北京:法律出版社,2003.

[72] 周和平.中国非物质文化遗产保护的实践与探索[J].求是,2010(4):44-46.

[73] 朱丽叶.老字号独特性品牌资产的来源和构成[J].经济经纬,2008(1):117-120.

附　录

从羽扇到雅扇的文化流变
——中华老字号的扇文化历史考察

中国是世界扇子的发源地,扇文化历史悠久,源远流长,迄今已有三千多年历史。在漫长的历史变迁中,形成了博大精深的扇文化与艺术风格,对整个中国文化和艺术形态建构影响深远,对日本、韩国及东南亚的扇文化和造型艺术亦产生了深刻影响。

一、中华老字号扇文化的类型特征与意义建构

中国扇文化的意义建构是丰富而多元的,形成了与宫廷礼制、文学艺术和民间工艺等多种因素的重叠与交集,生发出多维度的隐喻和象征,映射出历史上各个社会阶层的意识形态、生活方式和审美情趣。

中国扇的种类主要有羽扇、团扇和以折扇为代表的雅扇。

羽扇出现于殷商时期,团扇与雅扇分别在汉代和北宋兴起。这三个不同历史时期的扇文化类型,分别代表了皇家的宫廷"礼"文化、民间红颜美人的装饰文化和文人的书画艺术文化;在地域上,则表征了从以北方为中心的宫廷扇文化,到以南方为中心的民间扇文化的迁移。这种转变经历了羽扇、团扇和雅扇所代表的不同文化类型特征的转换,以及与宫廷仪典、美人幽怨和文人书画及工艺制作产生的牵连,形成了丰富的隐喻形态和象征内涵。应该说,这是扇文化由"礼"的仪式符号,到民间世俗化的实用形态与赏玩"雅物"艺术趣味的推进过程,是文人不断试图以扇为隐喻符号抒发内心情

志、追求精神自由的过程。

　　中国扇文化的结构由表层意义与深层意义两个层面构建。表层意义是扇作为纳凉、装饰用品的实用意义；深层意义是指扇的隐喻与象征，如团扇与"团圆"的隐喻、羽扇与"皇帝威仪及神性"的隐喻等意义。因此，其内涵和隐喻表征是多重交杂的，尤其是在与文学和书画艺术关联后，扇的多维度的意义指向更进一步丰富。以团扇而言，"'团扇'意象的文化意蕴经历了近千年的沉淀而不断丰富充实。……诗中'团扇'意象同时承载了佳人失势与贤人失志的双重慨叹"，"文学赋予'团扇'意象多重所指，'团扇'意象文化意蕴的变迁正反映了各个时代不同社会风气、不同时代文人在生活和创作方面的不同风尚以及他们的审美取向和人格情趣"。①　总的来看，扇文化蕴含了集权制度下等级威仪与文人向往自由之间的冲突张力，昭示了在社会经济发展背景下"礼"文化式微和世俗文化崛起的此消彼长，说明了中国古代高度集权的农业文明的社会形态和生活方式。这与殷周以来"礼器"逐步流变为日常用器的总体趋势也是一致的。梳理和解读这种隐含在历史语境的文化及艺术话语形态中的扇文化类型特征，对于解读中国文化史的构建与演进的特征，具有重要意义。

　　扇在中国文化体系中总体上是作为社会象征符号，而不是作为实用产品而存在的。尽管实用性是其原有的最重要的功能，但封建社会仪典象征功能的长期压制，导致扇与其本体存在本真性的疏离。北宋以后，扇的表现形态则逐渐为艺术功能表现所取代。因此，符号象征与艺术表现始终是扇文化的两大主要方向。从最初羽扇作为宫廷文化中"礼"的一部分，到宋代以后雅扇作为文人书画艺术载体和赏玩的雅趣体现，这种流变表明了扇在整个中国文化体系中是具有独特内涵的文化事象。

　　早期的羽扇是仪典用品，对于其是否具有祭祀中礼器的功能，目前尚没有资料可以证明，但扇的实用性功能的发展与创新由此被长期排斥和压制。应该说，在羽扇主导的仪典象征文化语境下，扇就其实用功能而言，无论是在工艺创新还是在形态建构上，都未能得到正常发展，它仅仅是宫廷仪式的

---

①　陈欣.汉魏六朝诗中团扇意象及其文化意蕴[J].北方论丛，2011(4)：19－22.

一个装饰性元素。宋代以后，以折扇为代表的雅扇，则发展了实用和玩赏功能，打破了长期以来羽扇作为仪典象征对扇实用本真的疏离，以及对艺术创造自由性灵的压制。在中国艺术形式中，书画本身就是自由抒发性灵的载体。雅扇突破了羽扇社会语境的藩篱，本质上是一次扇的形式和人的心灵的双重解放，或者说是扇文化回归到了其本真的价值存在。由此观之，羽扇和雅扇代表了中国扇文化内在特质的两个截然相反的方向。雅扇在宋代（一说唐代）出现并非偶然。当时中国已经出现资本主义萌芽，开始走向市民社会，人们对享受生活和自由意识的向往已成为普遍的社会思潮，不断兴起和发展的世俗文化推动了扇文化走入民间生活，回归其本真的实用功能。因此，从羽扇到雅扇的流变，不仅是扇文化从宫廷"礼"文化回归到民间文化的转换过程，也是扇的象征符号意义和艺术形式的重构过程。

扇本质上代表了中国不同的象征文化类型。在中国古代礼制的语境中，羽扇表征了宫廷的权威、等级、敬神等多重意义内涵，雅扇则表征了以文人为主导的世俗、自由、赏玩的价值取向。这种截然不同的意义建构方式，成为中国扇文化历史发展中趋于两极背反而又相互抵牾的隐喻符号意义生成体系。虽然在这一过程中，扇文化中源自封建统治者"礼"的意义是一个被逐步取代和消解的过程，但是扇的制作工艺和艺术形式仍然在一定程度上延续和传承了羽扇的诸多审美形式和制作工艺。比如，羽扇制作过程中的扇柄所用的斑竹、红木、象牙、玳瑁等材料，在雅扇制作中仍然得到了传承和发展。当然，羽扇的审美形式和工艺中的许多元素，本身也吸收了民间工艺的精华。从这个意义上来说，中国扇文化的传承，无论从形式到内涵都从没有截然断裂过。这一过程始终是宫廷文化与民间文化，乃至与韩国和日本的外国文化之间相互碰撞、吸纳和创新的过程。其中，团扇自汉代出现以来，其材质和制作工艺与羽扇有很大的不同，更偏重实用功能，代表个人或民间的扇文化形式，形成了与羽扇不同的制作方式和意义建构特征，并产生了扇与宫女幽怨为内容的文学牵连，出现了一批扇题材的诗赋，生发出新的象征与叙事方式。因此，团扇在从羽扇到雅扇的过渡中起到了一个承上启下的衔接和纽带作用。从羽扇到团扇和折扇，扇的形态和制作材质的改变，已经超越了其本来的形式和材质意义，成为了全新的符号性隐喻阐释与建构方式。这正是中国扇文化需要从文化人类学角度重新审视的重要动因。

二、羽扇的起源与中国鸟图腾崇拜

中国羽扇的起源与远古时期的神纹文化及鸟图腾崇拜有密切的关系。羽扇是远古神鸟文化崇拜的衍生形态,故早期的羽扇没有实用功能,只有仪典象征功能。远古时期的神鸟文化,是关于中国文化起源的重要因素。商朝即以鸟为图腾崇拜,认为鸟是商人的祖先。《诗经·商颂》曰:"天命玄鸟,降而生商。"这反映了商代以鸟为祖先来源的传说。司马迁的《史记》也记载了商以玄鸟部落发展而来。在鸟图腾崇拜的语境中,制扇所用的羽毛是鸟的神性符号形态,也是鸟的神纹所蕴含神力的隐喻。此处的羽毛已经脱离了自然属性,被赋予了鸟的神话象征的意味。在殷商时期的青铜器中,发现了大量鸟及其羽毛的图案,尤其以凤鸟为多,被称为"凤鸟纹"。《卜辞通纂》云:"于帝史凤二犬。"因此,商代出现的羽扇当与此有关,当时人们已经开始用华美的禽鸟羽毛制作扇子。中国最早出现的文字和文字画中许多亦与鸟有关,正是此因。

中国羽扇与鸟文化的渊源,还可从汉字的"扇"字中寻到踪迹。按照汉字六法的解释,羽为象形字,是指鸟的羽毛的花纹;扇则为会意字,故"扇"的意思为"户中有羽"。但自羽扇出现以来,无论其形态、工艺还是意涵表征都经历了较大的流变。从早期殷商时期的羽扇,到战国秦汉时期出现的形似门户的"户扇",再到西汉时期的团扇(又称合欢扇或纨扇),直至宋代以折扇为标志的雅扇开始流行,雅扇逐步取代了羽扇,成为扇的主要形态和种类。尤其是南宋迁都杭州(时称临安)后,折扇充分浸染和吸收了南方的文化气息、制作工艺和艺术表现趣味,为杭州雅扇的形成奠定了基础。这一转变是扇子从仪式用品逐步演变为个人装饰用品,再到文人"怀袖雅物"赏玩和实用品的过程,也是扇子从宫廷仪典象征符号演变为个人装饰符号,再发展到文人艺术符号的渐次展开过程,更是扇在形态和艺术内涵上不断丰富和发展的过程,由此扇在整个中国文化和艺术体系中获得了丰富而独特的表征意涵。在长达三千多年的流变中,扇子的造型、文化内涵和功能,在不同的历史文化语境和社会阶层中,不断地交融、碰撞、裂变,最终形成了明清以后雅扇为扇艺发展主要潮流的格局。如何把扇置于中国历史文化全景和语境中加以准确解读，是把握和阐释扇文化乃至中国艺术精神的一个重要切入点。

中国扇的形式和表征意涵的流变，不仅发展和创造出与扇有关的千姿百态的艺术形态、工艺和审美形式，也产生出与此密切关联的丰富的文化表征意涵。以往对中国扇文化进行考察时，人们仅仅从表层意义上去释读扇的形式和工艺，没有去深度解读这种形式与工艺方法的历史文化语境及其关联，导致出现了对整个中国扇文化理解的偏差。在此，可借用美国社会学家戈夫曼（Erving Goffman）和美国民族学方法创始人哈罗德·加芬克尔（Harold Garfinkel）的架构分析理论阐释中国的扇文化现象。戈夫曼认为，人们的日常生活隐含或使用了特定的诠释框架，它在特定的行动场景下意义自明，却使原本混沌的情境具有某种意义。框架虽然内部组织程度不同，但任何一个框架都为我们提供了某种理解、思路和视角，形成"诠释的基模"。[①] 在戈夫曼之前，贝特森（Gregory Bateson）提出了同样的疑问：为何人类乃至动物用同样的物化符号用于不同内容的交往互动？其中，发挥了核心作用的是元传播。在一个传播互动中，意义是由符号、符号指代、双方互动的规则所决定的。这三个方面形成了一个意义的框架。任何意义的产生都必须纳入这一框架中才能得到诠释。以扇子为例，扇子是一种纳凉的工具，这是它的外在符号，但它所指代的并不是纳凉的含义，而可能是一种仪典形式，这是它的指代，而进一步的意义还要看双方对扇子内涵所确定的诠释规则。这就是架构分析的方法。用架构分析的方法能够清晰地说明扇文化的真切内涵。

关于中国扇子的起源，史料记载的传说各有不同，主要传说有两种。一种是唐代李亢《独异志》记载的传说：宇宙初开时，伏羲和女娲兄妹欲结为夫妻，为避免羞涩，便"结草为扇，以障其面"，故早期的扇子称为障扇，又称"羲扇"。宋代李曾伯的《避暑赋》中有"举羲扇，披楚衣"之说。这一传说应是后人为解释儒家"礼教"的义理而杜撰的，不具有史实的可信性，但从一个侧面

---

① 潘忠党. 架构分析：一个亟需理论澄清的领域[J]. 传播与社会学刊（台湾），2006(1)：17—46.

证明了扇子最初的主要功能是用于"礼"。另一种说法是晋代崔豹《古今注·舆服》的记载:"五明扇,舜所作也。既受尧禅,广开视听,求贤人以自辅,故作五明扇焉。秦汉公卿、士大夫,皆得用之。魏晋非乘舆不得用。"这段记载其实与唐代《独异志》的意旨一样,以扇为隐喻,阐释儒家"仁"的义理,说明舜仁德贤明、广开言路、求贤若渴。这两段后人演绎的关于扇的起源,印证了框架分析的方法,即把扇子这一符号形式,纳入传统"礼"和"仁"的诠释框架中加以解释。因此,这两种关于扇的传说所指代的意义是:其一,扇被赋予了更多的儒家传统文化的隐喻意涵,这种意义超越了其实用功能,成为社会的象征性符号代码;其二,扇在宫廷或士大夫阶层中主要以礼仪用途为主,实用功能为辅。

从这里可以清楚地看出,早期的羽扇的象征功能是主要的,实用功能是次要的。而这种象征首先基于中国先民对于禽鸟之纹的认识,否则既然扇子的功能是障日引风,就没有必要非用华丽的禽鸟羽毛,而不用功能更好的其他材料,如丝织、竹制品等。实际上,汉代民间已有丝织团扇和竹编扇子,唐代之后扇子的制作更主要以丝竹为主。商代之所以用禽鸟羽毛制扇,而不用丝竹制扇,并非是从实用功能的角度考量的结果,而是与中国古人心中禽鸟羽毛所象征的神灵观念及其审美意味有关。

以禽鸟羽毛制扇,蕴含着鸟兽之纹的神性象征意义,这与中国古人的"文"(纹)的神灵观念有关。在甲骨文中,"纹"的初文为"文"。甲骨文中的文有不同的写法,除了人们熟知的"文"外,还有"文"中有"心"的"文"字,语言学家认为是文的异体字,未能给予更多的解释。这一解释没有揭示"文"中有"心"的"文"字的真正意义。"文"中有"心"意为人文,即心与天文的相互感应。在甲骨文出现后,为了更清楚地区分不同的"文"的含义,将"文"进行了基本分类,天象之文用"雯",丝织之文用"纹",抽象的文理之文用"文"。因此,在中国远古时期,在象征思维的语境中,"文"是一个重要的对世界的认知和体悟方式,或者说是"理念的感性显现",它是天或宇宙的征象,是道的外在表现形式。《周易》《说文》均一再强调,爻象和文字都是"仰观天文,俯察地理"的结果。甲骨文作为占卜祭祀文字,也须在龟甲上钻孔,用火烤炙使之产生裂纹,依据纹理预知吉凶。"文"在天为天文,在地为地理,故合称"文理"。"理"是"文"的另一种表征形态,古人把这一"理"当作源于天道的理性,即英文中所说的"nature"。

在中国古代的"文"象征谱系中,可细分为天文、地理(地文)、人文、鸟兽之文和花草之文。中国古代的诸多文化与审美事象,均来自这几种"文"的象征谱系及其变形。天文的神性隐喻自不待言,花草之文同样亦有神性隐喻特征,端午节须在门口悬挂艾草,以辟邪驱鬼。再如"帝"的初文为"蒂",即花草之文,故有上帝、黄帝、皇帝之称。商代以禽鸟羽毛制扇并用于帝王仪式的装饰,主要目的是借鸟兽之文的神性隐喻意涵,来表征"帝"的威仪源自上天的神祇,具有敬神的意味。

中国以禽鸟羽纹为象征的历史极其久远,在大汶口文化和良渚文化等遗存中均发现了具有羽毛特征的文字画。1930 年,在山东济南城子崖遗址发现了三片有字符的陶片,其中一片的符号释为"羽"字。20 世纪 80 年代,在杭州余杭南湖出土的黑陶罐上,发现了羽毛状的类似文字画符号。1986 年大汶口文化陶器符号披露后,李学勤先生对其中一个王冠上饰羽毛状的符号进行了解释,认为这个符号应为原始的"皇"字,而"王"字是不饰羽毛的"皇"字的变异。①《礼记·王制》云:"有虞氏皇而祭。"郑玄注:"皇,冕属,画羽饰焉。"对于虞氏何以为皇,没有明确的说法。笔者以为,当与远古先民对纹饰的崇拜有关。按照甲骨文的解释,"虞"字本意指"手纹",至今中国人仍有看手纹算命的习俗。从"皇""帝"二字的初文意义来看,此二字均与纹饰及其象征意涵密不可分。

在几千年前,何以禽鸟羽纹的文字画在不同地域的文化遗存中都会出现?显然,这与中国古代的鸟图腾文化以及古人的鸟纹崇拜有关。禽鸟羽纹的象征意义的产生与发展,具有清晰的历史传承线索。以禽鸟羽毛制扇,并用以作为皇帝的装饰,羽扇由此获得了因鸟兽之文的神祇隐喻而生成的神谕意涵。可见,禽鸟羽纹在远古获得了具有天意神授的象征意味,皇帝乃天意所授,故称天子,以"文"隐喻皇帝,使之获得了神授权威的合法性。

---

① 王宇信,等.中国古代文明与国家形成研究[M].北京:中国社会科学出版社,2007:109－111.

由鸟兽之文而演绎的神谕意涵，不仅彰显于早期的扇文化中，也在先秦以来的关于鸟的神话中得到了充分印证。禽鸟羽纹能够给先民带来幻觉的想象，羽扇自然也被赋予人与自然联系的无穷迷思。远古先民关于禽鸟的神话与想象有两个维度：一是飞翔的神力，这种神力往往又是与先民对天的敬畏与探求的渴望联系在一起的；一是对禽鸟美丽羽毛的赞美，在他们看来，这种美丽可能与禽鸟飞翔的神力有关。因此，在整个禽鸟神话的谱系中，禽鸟羽毛的华美纹理给予了先民关于翱翔于天的无穷想象，因禽鸟能飞翔于天，羽毛（禽鸟之文）则自然被赋予了从人间通达天上的一种神谕的通道的联想。先民敬畏于天，也幻想行走于天，这种敬畏与幻想交织的情思，转换为把永生的愿望用"升天"来表达：道家用"羽化"，藏族则用鸟葬的形式来表现。这似乎更贴近于禽鸟之文与人类内心冥想和情思的牵连，从《山海经》到庄子的《逍遥游》，都表达了这种借禽鸟之身行走于天的幻想，但是似乎关于鸟的神话淡化或消解了鸟兽之文的本义。因此，远古中国的羽扇作为一种文化征象，如果脱离了历史文化语境，是无法对其做出合理的解释的。

三、从羽扇到雅扇的流变

沈从文说："出于招风取凉、驱赶虫蚊、掸拂灰尘、引火加热种种需要，人们发明了扇子。"[①]这种解释是从扇子的实用功能角度考量的，介绍的是民间扇子的主要用途之一，但不是全部。实际状况是，最初的扇子在官方和民间有很大的差异。总体上而言，中国的扇文化在官方与民间、在南北方均有差异，历史地形成了不同社会阶层以及南北扇文化的差异。北方一直是中国政治文化的中心，因此，羽扇是北方扇文化的代表，折扇是南方扇文化的代表，这两种扇的形态与文化意蕴是有本质差异的。这不仅是工艺、材质和形态的不同，更重要的是它们表征了宫廷文化与文人文化两种不同的体系与文化精神。以黄河流域为中心的北方，是中华民族的主要发源地，崇尚鸟图腾文化，故羽扇是鸟图腾崇拜的重要表征。殷商以来，中国最早的朝代更迭

---

① 沈从文.物质文化史[M].太原：北岳文艺出版社，2002：54.

都发生在北方,聚集了宫廷文化的氛围,羽扇作为北方鸟图腾与宫廷文化皇权的象征形式,自然获得了丰厚的文化生存土壤。对于南北扇文化的差异,扬雄《方言·杂释》从语言学的角度指出了在名称上的差异:"扇,自关而东谓之箑,自关而西谓之扇。"但未说明其根源。

由于中国古代社会强调羽扇的象征作用,羽扇的象征性符号功能得到了持久的强化与传承,宫廷和士大夫阶层更多是把羽扇作为社会身份的象征性符号使用。晋代崔豹的《古今注·舆服》云:"雉尾扇,起于殷世。高宗时有雊雉之祥,服章多用翟羽。周制以为王后、夫人之车服,舆车有翣,即缉稚羽为扇翣,以障翳风尘也。汉朝乘舆服之,后以赐梁孝王。魏晋以来无常,准诸王皆得用之。"隋代卢思道的《美女篇》云"时摇五明扇,聊驻七香车",宋代苏轼的《赤壁赋》中描写的"羽扇纶巾",这些扇子都不是普通百姓所能使用的,也正说明了羽扇作为社会身份象征的符号功能。

如上所述,扇子的社会身份的象征功能在整个扇文化中,是一种独特的符号表征系统,虽然从羽扇到折扇的转型过程中,扇子的形态和符号语境发生了很大的改变,但象征功能仍然得到了延续和传承,在日本和韩国,扇子至今依旧是社会身份的一种象征。因此,在整个东亚社会生活中,它更多地作为社会身份的道具。与此同时,扇作为实用物品的价值自然被长期抑制。这种本末倒置的现象也是长期以来制扇技术难以得到发展的重要原因。从商代到11世纪折扇出现之前,羽扇形制长期不变,虽然其间有各种材质和制作工艺融入扇文化之中,但文人和工艺名家能够介入的空间很小,对扇子改进的贡献有限,扇子制作对各种门类的艺术形式没有太多的吸收,其工艺、材质和艺术形态也没有明显的改进。所以在宋代之前,几乎未见名人名家制作的扇子。

羽扇作为中国古代社会的一种主流文化象征体系,在相当长的一段时期内,始终占据了扇文化的主导地位。历朝历代,对羽扇在羽毛和其他材质的选用或制作工艺上,其实也有所改进和创新,但总体上有限。羽扇中所称的"羽"通常是鸟尾或翅膀上漂亮的羽,而绝非鸟毛。唐开元时,因与国外交流频繁,输入了色彩与形态更美丽的孔雀羽制扇,这种做法一种延续到清代,时称孔雀扇,算是中国羽扇演进过程中的一个变革与创新。但这已经脱离了远古禽鸟之羽本来的神性意味,转向了对羽的外在美的形式感的追求,其实已经表明了扇文化内涵的转向。宋代一反唐开元改变鸟羽制扇传统的做法,恢复以雉尾制扇,并分为大、中、小三等,但扇中仍绣有孔雀图案。清代,由于折扇已经兴起,而羽扇已经在民间普及使用,羽扇作为宫廷和士大夫阶层的专用品的象征意义有所减弱,制作羽扇所采用的鸟羽的来源更加多样化。乾隆时期的百幅《太平欢乐图》中有一幅担售羽扇的图画,并附有文字说明:"以雀翅为扇,见于《拾遗记》;以凤翼为扇,见于谢氏《戊辰钞》;以鹤翼为扇,见于《赋序》;以白鹭翅为扇,见于《南史》。以鹅毛为扇,可却暑,贵重者,用鹤翅为饰。"与此同时,由于各朝文化渊源、皇帝个人喜好和所处地域的差异,制扇所用材质和工艺也有所不同。汉代刘歆《西京杂记》记载:"天子夏设羽扇,冬设缯扇。"晋代张敞《东宫旧事》则记载:"皇太子初拜,供漆要扇、青竹扇各一,纳妃同心扇二十,单竹扇二十。"[①]可见宫廷用扇品种之多且材质各异。

羽扇制作由于其鸟羽的特点所限,不仅在很大程度上规定了制扇的主要材质,即鸟的翅羽或尾羽,同时也规定了制扇的形态,即以团型或板型为特征的造型。其间虽然亦有以丝或竹为材质制扇,却没有改变团扇或板扇的基本造型。团扇因其圆形的特征,以及"团"字在汉字中可以被引申为团圆之意,故亦称合欢扇,从而被赋予了团圆吉祥的寓意。也正因团扇被赋予了"团圆"的隐喻,从而引发了古代宫女对离愁别绪的幽怨,她们往往借团扇抒怀,从而成就了汉代以来以扇赋诗的独特景观。于是,团扇成为题画诗的一种媒介或艺术形式,即扇面书画。西汉才女班婕妤有《团扇诗》(又称《怨歌行》)云:"新裂齐纨素,鲜洁如霜雪。裁为合欢扇,团团似明月。出入君怀袖,动摇微风发。常恐秋节至,凉飙夺炎热。弃捐箧笥中,恩情中道绝。"南朝钟嵘《诗品》评价:"词旨清捷,怨深文绮。"唐代王昌龄则有《长信愁》诗云:"奉帚平明秋殿开,且将团扇共徘徊。"同样表达了宫女对离别的幽怨情思。因此,团扇在中国诗歌的意象中,常常走向了它的原初隐喻团圆的反面,成了离愁的寄托之物。

---

① （汉）应劭.四库家藏·子部(秦汉两晋笔记)[M].济南:山东画报出版社,2004:238.

　　如果说羽扇更多在宫廷仪典场合使用,那么团扇则更多使用于民间或私人交往场合,羽扇与团扇代表了扇文化中的两种不同类型。实际上,丝织团扇或竹编团扇早已有之,至少在汉代即已出现,可见于前文所提及的汉成帝时期班婕妤的《团扇诗》。丝织与竹制团扇在整个中国扇品种的谱系中,与羽扇相比更偏重实用功能,在封建礼教束缚的时代,团扇被借用为男女交往中"掩面"的道具,从而进一步丰富了中国扇文化的内涵。梁代何逊《与虞记室诸人咏扇诗》云:"摇风入素手,占曲掩朱唇。"唐代王建《宫中调笑团扇》云:"团扇,团扇,美人病来遮面。玉颜憔悴三年,谁复商量管弦。弦管,弦管,春草昭阳路断。"宋代周邦彦《浣溪沙·薄薄纱厨望似空》云:"强整罗衣抬皓腕,更将纨扇掩酥胸,羞郎何事面微红。"因团扇有遮面之用,又衍生出"障面""便面"的雅称,并逐渐演变为婚庆中的民俗,即新娘行礼时须以扇障面,交拜结束方可移扇露面,故称"却扇"。现在北方一些地方依然流行类似的民俗,有民谚曰:"扇扇子,坐轿子,和和美美过日子。"从上述的情况来看,羽扇作为宫廷文化的象征色彩,到唐代开始弱化,走向世俗化,并被团扇乃至折扇所取代。

　　根据现有的史料记载,中国的折扇是在北宋年间出现的,但从唐诗来看,折扇在唐代已出现,宋代已流行和普及。宋代赵彦卫《云麓漫钞》曰:"今人用折叠扇,以蒸竹为骨,夹以绫罗,贵家或以象牙为骨,饰以金银。"[1]清代方薰《太平欢乐图》引《春风堂随笔》云:"东坡谓松扇展之广尺,合之止两指许。折叠扇盖北宋有之。今浙江夏月卖折叠扇,俗又呼为油纸扇,用彩色绘画山水花鸟,颇雅致,鬻扇者兼市手巾,人甚便之。"这里对折扇的描述有三点值得注意:其一,折扇流行于北宋年间;其二,浙江是折扇的重要产地,折扇在市面颇为热销;其三,折扇因以山水花鸟画绘于其上,显现出雅致的艺术品位,这正是雅扇的雏形。对于第一点所说的折扇最早出现于北宋,学界尚有争议。有人认为是北宋前已经从韩国或日本传入中国,目前尚无明确的史料证明。笔者曾与中国人民大学艺术学院赵赜教授探讨过,他说曾看到过一件汉代和田玉雕,其上有人物执折扇的画面。如此事属实,那么说明

---

①　吴玉贵,华飞,主编.四库全书精品文存(第 20 册)[M].北京:团结出版社,1997:482.

折扇起码在汉代即已出现，同时也说明折扇并非由韩国或日本传入。笔者认为，折扇在汉代出现的可能性较大，但并不流行，主要在民间使用。对于后面两点，起码表明折扇在北宋已经非常流行，并充分吸收了文人创作和民间艺术，使其具有了雅致的审美趣味。这可能正是以杭州为中心的雅扇形成的历史文化渊源。

雅扇在北宋时期的杭州出现并非偶然，主要原因有以下三个方面。第一，经过唐代自由开放的风气的熏染，以及团扇的流行，北宋自赵匡胤开始，尚文轻武，民间经济高度发达，文人艺术创作的氛围浓厚，为折扇的普及提供了良好的社会环境。第二，杭州是江南经济文化重镇，聚集了一大批文人墨客和能工巧匠，又盛产折扇所需竹、纸等主要材料，市场腹地广阔，具有生产和销售折扇得天独厚的优势和条件，且远离北方的政治中心，文化氛围比较宽松活跃。第三，折扇本质上是中国古代文人寄寓自由性情的"雅玩"之物，故有"怀袖雅物"之称。"雅玩"是古代文人逃避现实的一种独特的生活方式和审美情趣。一方面，古代文人不想与世俗的权贵或市井小民同流合污，以显现出卓尔不群的雅的品格；另一方面，文人又希望通过折扇扇面的方寸之地，吟诗作画，抒写性灵，彰显雅味的人生追求。因此，雅扇在杭州的出现是各种社会和历史因素共同作用的结果。

四、杭州雅扇的风格与工艺

何谓杭州雅扇？迄今为止，由于学术界和制扇业界对中国扇文化研究仍非常薄弱，尚没有对杭州雅扇究竟是一个扇艺的流派，还是一种扇艺风格做出明确的界定。目前有两种看法：一种看法是把南方制作的具有书画艺术特点、制作精良的扇子，如杭州、苏州一带生产的这类扇子都称为雅扇；还有一种看法是，雅扇专指杭州生产的书画工艺扇，民国制扇业界有"苏香杭雅"的说法，就是指苏州以出檀香扇闻名，杭州以出雅扇闻名。笔者采用后一说法。林锡旦在《中国传统雅扇》一书中指出："竹扇之雅，都与竹有关。扇骨用竹，扇面宣纸也源于竹。"[①]这一解释是片面的。雅扇从广义上来说，

---

① 林锡旦.中国传统雅扇[M].北京：人民美术出版社，2005：68.

首先是相对于宫廷扇和民间普通扇而言的,它是一种浸透着文人审美趣味的雅致品位,也是一种集合多种精美制作工艺的艺术创作;从狭义上来说,是指杭州生产的具有工艺特征的扇子。因此,笔者认为,杭州雅扇是以杭州制扇技艺与艺术表现风格为特点的扇艺流派,同时也是一种艺术风格。

从中国扇子的历史沿革来看,杭州雅扇的萌芽出现于北宋时期,前面所引述的史料清楚地证明杭州是雅扇的发源地。对于杭州雅扇的准确把握,必须联系其产生的历史背景。首先,北宋时期宫廷羽扇仪典的衰微,为扇子从仪式符号向世俗化方向转变提供了条件,也为文人和民间制扇艺人提供了创作的土壤。羽扇所表现的宫廷仪式意味的退场,带来了折扇的兴起及其艺术创作方向的流变。其实,在此之前,团扇与幽怨宫女的牵连,在一定程度上消解了羽扇的庄重感和仪式感,为折扇的出场提供了条件。但是,幽怨宫女在团扇中寄寓的情感毕竟缺乏文人的自由挥洒的灵气,它对羽扇所代表的宫廷文化意义建构方式的消解和冲击并不大。北宋折扇的出现,则是中国扇文化的一个重要转折点,意味着文人扇完全取代了宫廷扇,成为扇文化的主体。文人通过书画的艺术形式和折扇的形态,表现了自由的性灵。这与羽扇所蕴含的宫廷严苛、僵硬的仪式意味形成了强烈的反差,雅扇在雅致的品位中凸显了自由的张力,是对羽扇所代表的扇文化的碰撞与解构,是从仪式向艺术自由创造的回归。因此,北宋以后,中国文人之所以对折扇倾注了如此多的情思,应该说,与雅扇所表征的这种精神的在场有着深刻的内在联系。

由团扇向折扇形式的转变,既是扇子形态的转变,也是中国视觉造型及其象征符号的重构。传统的团扇被赋予了由团圆所引申的隐喻。在中国视觉造型中,主导形态是由宇宙观念和政治理念所形成的天圆地方中的正方形、圆形,以及表征政权稳固厚重感的下宽上窄的梯形,扇形在中国视觉形态中一直是缺位的。按照西方美学家的解释,在东方专制的社会中,多表现出类似金字塔式的梯形,由此表征专制政权的稳固和不可动摇。西方的视觉造型中,则多以上宽下窄的梯形为主,表征了引导视觉向上延伸的自由灵动。折扇的出现,为中国传统的视觉符号增加了全新的扇形元素。这与中国以往下宽上窄的梯形正好相反,与西方下窄上宽的梯形颇为类似。此后,扇形在民间装饰中常被采用，如扇形窗、扇形砖等，而扇面画则独立成为一种书画形式。

杭州雅扇代表的是文人文化和南方制作技艺的完美结合。杭州自古以来就是中国文化积淀最丰厚的富庶地区之一，手工制造业发达，盛产制扇所需的贡纸、丝绸和竹子等原材料。早在五千多年前，这里就孕育了良渚文化，成为中国重要的文明发源地。良渚文化时期已经出现了复杂的丝织、竹编、玉雕等多种制作工艺，精美的玉雕尤其令人叹为观止。杭州本来就有历史悠久的团扇制作工艺，北宋时期杭州团扇即已作为贡品享誉全国。这种纯熟的制作技艺为雅扇的出现与发展提供了重要的文化渊源和技术基础。同时，杭州远离北方的政治中心，自然环境优美，迁客骚人多聚集于此，书画创作经久不衰，出现了一批著名的书画家，折扇的出现则为扇面画的创作提供了新的契机。宋徽宗带头书画于扇面，引发了一大批著名书画家竞相模仿，出现了如马世荣《五云楼阁图》、陈清波《湖山春晓图》、夏圭《遥岑烟霭图》等扇面画名作，此后，扇面画作为一门专门的艺术形式得到了空前的发展。尤其是南宋迁都杭州后，自北方南下的各路文人和书画家，云集杭州，他们既是扇的重要消费者，又是雅扇的创作者，为杭州雅扇及其风格的形成做出了巨大的贡献。自南宋以后，杭州作为全国折扇制造中心的地位始终没有改变，由此进一步巩固了杭州雅扇的地位。明清时期，社会生活比较稳定，杭州雅扇的发展更是达到了登峰造极的程度。以杭州为中心，制扇业辐射到绍兴、萧山（1959年划归杭州）、湖州等周边地区，有扇庄四五百家，制扇从业人员3000多人，在今杭州河坊街一带出现了专业制扇的街道"扇子巷"，形成了庞大的制扇产业群，出现了王星记扇庄、张子元扇庄、舒莲记扇庄三大著名品牌。尤其是王星记扇庄，分别在北京、上海、香港等地开设了分号，并开发出戏剧舞蹈扇，深受梅兰芳等京剧名家的喜爱，进一步扩大了杭州雅扇的影响力。但历经战乱，杭州雅扇几近覆灭，仅保留了王星记一家老字号企业，成为中国扇文化弥足珍贵的文化遗产。

杭州雅扇的出现，对中国扇文化是一次全面创新与提升，是文人书画艺术与民间制扇技艺的有机统一。雅扇所表现的"雅"不仅是文人在扇艺中所追求的审美趣味，也是贯穿于制扇过程中的每一种工艺与技法。就雅扇的整体设计而言，它不仅仅是折扇本身，还包括扇套、扇坠、扇架等佩饰，既可把玩，亦可欣赏，每个人可根据自己的喜好和趣味，选择不同风格的折扇佩饰，更显得情趣盎然。再以扇骨而言，其材质有红木、乌木、象牙、玳瑁等不同类型，红木、乌木等材质虽昂贵，但因缺少自然的雅趣而被视为俗品。扇骨上乘者为竹子，因竹子材质能尽得天然之趣味，再经过筛选加工，使之符合中国美学的最高境界——自然之神韵，故扇骨以竹子材质为上品。其中，能尽显雅扇之雅趣的竹子有湘妃竹、青竹、棕竹等。湘妃竹生长于华南地区，因鸟粪沾于湘妃竹上，经长时间腐蚀留下了天然斑纹，用之做扇骨纹样千姿百态，有神工鬼斧之妙。为表现雅扇之雅，制扇过程中的每一道工艺，都会尽量使其表现出与众不同的"雅致"，比如在青竹的扇骨制作中，有留青雕的技法，这是挑选三至五年的临安青竹，须肉实、骨密、色润，且不能有任何的划伤，将竹子砍伐下来后，在大热天将其置于阴凉处，阴干数日后，方可雕刻，然后再放入水中蒸煮。这道工艺能保证扇骨不裂、不蛀、不霉，更主要的是，经过这道工艺处理，竹子能显现出本真的琥珀色，如美玉，晶莹剔透之澄明，色泽之美，令人陶醉。再以雅扇的扇面而言，通常用湖州桑皮纸或宣纸，这种纸质柔韧坚实，反复折叠亦不断不破，可书可画，亦可撒金，趣味各异，各得其妙。粘贴扇面与扇骨的胶水也是特别的，采用鲨鱼的鱼鳔，经反复提炼熬制而成，将扇面与扇骨粘贴后，放到开水里蒸煮 48 小时不脱胶，令人称奇。总之，杭州雅扇的形成是在继承了中国扇文化的优秀传统，充分吸纳了杭州本土制扇技艺和文人艺术创作的基础上，不断完善和发展的结果，为中国扇文化的传承与创新做出了重要贡献。

"一扇绝,绝天下"

——记中华老字号王星记

导　语

　　每一支扇骨透出的精致绝伦,每一个扇面展现的万千气象,你唯有在王星记扇子中才能发现。王星记扇子是清末以来的奢侈品,不仅被选为皇家贡品,也一直是藏家青睐的珍品。王星记扇子是"杭州三绝"中的一绝,被赋予了独特的文化象征意义。

一、中国折扇的经典

　　王星记扇业的前身是杭州王星记扇庄,由王星斋夫妇创建于清光绪元年(1875),是中国制扇行业中唯一的中华老字号。明清时期,扇子作为一种艺术品,因能体现文人雅趣,成为社会身份、地位的象征,也是一种扮演社会角色的道具。折扇由于携带方便,出入可藏袖中,故有"怀袖雅物"之称。这一时期,杭州、苏州把折扇的扇艺推向了顶峰。杭州扇称为"雅扇",苏州扇称为"香扇",王星记扇业就是杭州"雅扇"的代表。

　　王星记当初建厂选址在西湖边,即现今的解放路,背依吴山,面临西湖;远眺雷峰夕照,近观柳浪闻莺,烟雨湖色、山岚空漾的意境都沉淀为杭州文化的意趣,融入了王星记扇子的工艺之中,造就了钟灵毓秀、飘逸洒脱的独特气质,把江南杭城的人杰地灵、小桥流水的风韵也融化在这精巧的折扇中。此时,你会发现,这已不是一把折扇,而是美轮美奂的艺术品。

　　中国扇子最早称"翣",古代别称"摇风""凉友",有记述的历史可追溯到远古虞舜时代,史书中有"舜始造扇"的记载,晋朝崔豹《古今注·舆服》曾记载"五明扇,舜所作也"。扇子在中国文化中有着特殊的意义。"开合清风纸半张,随机舒卷岂寻常。花前月下团圆坐,一道清风共夜凉。"这首明代瞿佑的咏扇诗,把扇子的神韵描绘得入木三分。王星记的扇子则把这种神韵演绎到了极致,在方寸之间,既有中国书法的超然物象之外的写意,也有中国绘画"中得心源"的灵动。每把扇子的色、形、意都是独具匠心的艺术创造。每个品种的设计和创意,都会根据材料的天然质地、纹理、颜色,进行巧妙的构思和安排,犹如书画创作一样,哪里需要留白,哪里需要勾勒,哪里需要书画,哪里需要衔接,都得胸有成竹、了然于心。但落实到每一个具体的材料时,还需要根据其特点合理搭配,如是才能尽得天然之妙。比如,白纸扇的扇骨,选青竹打磨加工后,在夏天的太阳下至少自然晾晒八天才能变成淡黄色,配上白扇面,色彩搭配才会浑然一体。

的确,王星记扇子把扇子的实用性和中国传统艺术的审美性浑然天成地结合在一起,世界上少有结合得如此完美的实用艺术品。因此,王星记的制扇工艺被列入国家非物质文化遗产。一把扇子,可以驱热,可以挡雨,可以遮阳,可以把玩,可以欣赏,可以收藏。王星记扇子既有"一把扇子半把伞"之说,也有"一张扇面半幅画"之说。当你看到一把扇子已经包镶,那意味着经历了几十年甚至上百年的传承,它已经不再是实用品,而是一件难得的艺术珍品了。有收藏家专门在全国各地收藏王星记扇子,是因为王星记扇子已经成为中国折扇的经典,延续着中国工艺和艺术的文脉,也自然成为杭州一张亮丽的城市名片。坊间有这样的说法:去杭州如果没有喝过龙井茶,没有买过王星记扇子,没有吃过西湖醋鱼,那不能算是真正到过杭州。

二、精美绝伦的工艺

中国是扇子的发源地。早在四五千年前,我们的祖先就发明了扇子,随着中华文化的传播,扇子文化远播日本、韩国等地,扇子成为文化传播的媒介。至今,王星记扇子还大量销往日本、韩国,印证了中国扇子曾经创造的辉煌。扇子在历史的演变中,逐渐由功能性产品演变为艺术产品。

中国的许多传说都有扇子的烙印。《三国演义》中的诸葛亮运筹帷幄之中,手执鹅毛扇,"羽扇纶巾,谈笑间,樯橹灰飞烟灭"。《西游记》中,铁扇公主手中的那把铁扇勾起人们无限的想象。早在唐代之前,扇子就与书画艺术结下了不解之缘。唐代张彦远《历代名画记》中记录的杨修为曹操"画扇误点成蝇"的故事,是关于在扇上作画的最早记载。《晋书·王羲之传》中一则王羲之为老妇题扇的佳话已是家喻户晓。扇子还是京剧、昆曲、评弹等表演艺术中不可或缺的道具。唐宋以来,扇子与诗书画艺术的结合,产生出了书画中的一个独特的门类——扇面画。诗、书、画、印在扇面画艺术中,得到完美的统一。唐伯虎的扇面画,成为明代绘画的经典,早已价值连城。梅兰芳对扇面画也是情有独钟,不仅收藏而且自己创作扇面画,至今留存的他收藏的一百多把扇子珍品中,王星记扇子占了很大的比例。

在中国历史上,扇子曾作为文人雅士寻求心灵释放、张扬自我个性的人格化符号。从一个人使用的扇子中,看得出他的审美趣味,看得出他的社会身份,看得出他的内心世界。的确,扇子在中国文化系统中,扮演了一个独特的隐喻角色。

自从创建之日起,王星记就力求把扇子文化功能的挖掘做到极致,为此在全国四处寻访高人,延聘制扇大师,采集优质物料。在吸收了前人制扇工艺的基础上,王星记要把中国折扇做成工艺品。而清末的杭州,文人墨客云集,商贾行遍天下。此时,"红顶商人"胡雪岩正如日中天,而巨商笑傲江湖的霸气、迁客骚人的灵气、南宋古都的贵气,为王星记把传统的折扇做到极致,营造了不可多得的外在环境和条件。一流的工艺大师,一等的材质,均汇集杭州,成为王星记的宝贵资源。为了打造最好的扇子,王星记常常召集一帮"扇痴",在西湖边品茗论道,交流思想,从制扇选材到加工工艺,从扇面绘画到市场营销,无不开怀畅叙,这种机缘在中国的制扇史上似乎再也没有出现过。一百多年的风风雨雨,王星记走过了有无数艰难而布满荆棘的道路,确立了"做精、做绝、做全、做新、做强"的经营理念,凡是王星记出品的扇子,那种精美绝伦、巧夺天工的工艺几近成为绝唱,绝非外界常人所能想象。

三、巧夺天工的五大特色

王星记的"精、绝、全、新、强"的特色,打造了中华老字号制扇业品牌的核心竞争力。

(一)"精":制作精

以扇骨的选料来说,王星记扇骨的选料有传统的竹子、红木、牛角,也有珍贵的象牙、檀香木、玳瑁等。而竹子材料又可分为若干种,每一块材料的选用,往往都有超出常人想象的艰辛。自创业开始,湘妃竹折扇就是王星记的当家产品。当初之所以选择这款折扇作为主打产品,主要是考虑湘妃竹那种天然的纹理,与扇面的书画能神韵呼应、浑然一体,这是其他任何材料都无法企及的。故宫博物院收藏有一把明代皇帝朱瞻基画的折扇,扇骨外露的部分即以湘妃竹皮包镶,至今看起来仍旧美轮美奂。但是,湘妃竹扇骨的选料往往是生产中的一大难题。因为湘妃竹上的斑纹并非自然生长而成,而是鸟粪粘在竹节上,再经过数年风吹日晒的自然浸透,才能慢慢变成湘妃竹上的自然斑纹,所以这种斑纹绝无雷同,每一种斑纹都是世界上的唯一。这种鬼斧神工般的大自然的杰作,真正让人感受到自然界化腐朽为神奇的魅力。当王星记把这种魅力移植到折扇工艺中时,便成就了王星记折扇的无穷魅力。但是,杭州并不出产有天然斑纹的湘妃竹,王星记就安排人去江西、福建、广西等地蹲守收购,甚至走进深山老林中,自行寻找。更让人犯难的是,湘妃竹是一种生长缓慢的植物,能够成料的一般要生长十年以上,而沾过鸟粪经过自然侵蚀的湘妃竹更是少而又少。王星记的外出采购人员一旦发现几支可用的湘妃竹,就如获至宝,精心收藏好,带回杭州。王星记从不为追求产量降格以求,使用不合格的原料。因此,王星记湘妃竹折扇,可以说件件是精品,每一件产品背后都有一段传奇的故事。当采购人员将一块湘妃竹原料交到工艺师手上加工的时候,对产品的那种珍惜、呵护,犹如养育自己的孩子那般精心,因为他们都深知,这原料是多么的来之不易。

(二)"绝"——工艺绝

中国工艺贵在绝,王星记就是要把扇子做到极致,做成前无古人后无来者的绝品。一把黑纸扇的工艺,王星记就有86道工序,从制骨糊面、褶面上色,到磨砂整形,每道工序都是精益求精,每个环节都是手工制作,人称王星记黑纸扇是扇中一绝。王星记的另一个工艺绝活是留青雕,就是把原生态的竹子保留其原汁原味的青皮,不能有丝毫的划痕,更不能有碰伤。取材后让其自然风干,然后由工艺师在竹子上雕刻,稍有闪失即前功尽弃,那种细心的功夫,需要目不转睛、屏息凝神,与绣花相比有过之而无不及。所以,留青雕的成品率极低。一件留青雕作品制作出来,那种丝丝入扣、层次分明的浮雕感,把中国的雕刻艺术演绎得淋漓尽致。掌握这种技艺的秘诀与其说是技巧,毋宁说是心气。现代人心浮气躁,已经没有那种静谧的心气来做这样的事情了,所以,留青雕面临着失传的危险。王星记老员工对每把扇子的那份感情,是常人所无法理解的。王星记掌门人孙亚青说,每当看到年轻的工人重手重脚搬运扇子的时候,自己的心就揪紧了。她告诉青年员工:"这些扇子都是有血有肉的小生命,怎么能这样对待它们呢?"是的,在孙亚青这些王星记老员工的心里,已经把扇子当成了自己的孩子,当成了一个用生命灌注的有灵性的伙伴。这种对扇子的理解,早已超越了生产经营的层面,而成为对人生、对自然、对生活的一种诠释和体验。

(三)"全"——产品全

一般的制扇企业只有几个品种,而扇子作为传统的工艺品,市场适应面因品种少受到很大限制,常常失去了许多市场机会。尤其是在当今社会,家境好的有空调,差一点的起码也有电扇。实际上,折扇是在与空调、电扇竞争。这种竞争完全是不对称的。中国古话说"寸有所长,尺有所短",折扇并不是完全没有市场机会,关键在于如何扬长避短去把握市场机会。扇子有十五类,王星记覆盖了全部类别,生产几千个品种。类型之全,花色之多,在全国是绝无仅有的,在世界也是罕见的。这给王星记带来了巨大的市场机会与强劲的市场竞争力。从消费需求来看,王星记扇子的目标市场分为实用产品市场、收藏品市场、工艺品市场、礼品市场几个不同类别。孙亚青特别关注80后、90后这一巨大的潜在消费人群,通过打造时尚、创新的概念,引导青年人接受扇子文化,消费扇子产品。近年来,仅王星记开发的礼品扇,就开拓了国内外的几个新市场,成为新的经济增长点。王星记礼品扇与国内知名白酒品牌捆绑销售,包装成酒、扇礼品装,全新的创意理念和全新的营销方式,不仅带来了不同企业跨品类捆绑营销的新思路,也拓展了新的营销渠道。而王星记与日本雀巢公司的捆绑销售,更是堪称现代营销的经典。日本雀巢咖啡了解到王星记在日本是最有名的扇子品牌之一,就在咖啡促销中用王星记扇子做促销礼品,进行捆绑销售,这一方案刚一推出,立刻引爆市场。通过与雀巢咖啡的捆绑销售,王星记销售出35万把扇子。

（四）"新"——求创新

创新是中华老字号企业普遍面临的一道难题，老字号不创新没有出路，创新又怕丢掉老传统。对此，孙亚青认为，老字号是老品牌、老工艺，但绝不是老化的品牌、老掉牙的经营理念。老字号的创新，关键在于把握坚守与创新之间的度和节点。坚守是要传承和保留老字号的工艺、品牌、文化和诚信的企业价值观，创新是要在营销理念、渠道、技术、管理体制和机制上与现代企业管理接轨，借鉴世界上的先进经验，为我所用，通过学习国外先进的企业管理经验，增强老字号企业的竞争力。这些心得完全是孙亚青在与国外企业的接触中获得的深切体会。对外出口加工在王星记的经营业务中一直占有很大的比例，但是王星记生产的一种折扇出口到日本只卖30多元人民币一把，而日本企业只是换一下商标就卖到300多元一把。眼睁睁看着高于十倍的利润被日本企业拿走，王星记却无可奈何。孙亚青意识到，必须建立自己的渠道，必须进行品牌、产品和营销创新，"我们与日本的差距，并不是工艺的问题，而是机制和理念的问题"。从此，创新在孙亚青的心中扎下了根，她专门成立了产品研发机构，每个月都要推出十几种新产品；她还与中国美术学院等高校合作，举办扇子设计大赛，借力社会资源进行扇子设计创新。

（五）"强"——品牌强

孙亚青深知，做强企业必须从做强品牌开始，她从美国品牌学泰斗大卫·艾克（David A. Aaker）提出的打造强势品牌、提升品牌资产的理论中得到启发，对王星记品牌进行了全面而长远的规划，使王星记品牌的含金量不断提升。孙亚青做强品牌主要从两个方面入手。首先是拓展产品线，利用现有的中华老字号品牌资源，做产品的延伸开发。比如，制作檀香扇的下脚料过去都被低价处理了，现在孙亚青利用这些下脚料开发出了系列产品，有香炉、香料、香包，除了檀香香型以外，还有沉香香型，所有香料全是纯天然的，是市场许多用香精生产的香料不可比肩的。正因为利用了制扇的下脚料生产，所以成本和价格都比较低。王星记的香料由于货真价实，加上良好的诚信口碑，一推向市场就供不应求，基本上不等出厂，许多慕名而来的客户就一抢而光。其次是强化品牌传播，孙亚青利用一切机会传播王星记品牌，尤其是利用北京奥运会、上海世博会、杭州西湖博览会这样的高端传播平台。2007 年，北京奥运会组委会在挑选送给外国元首的礼品时，有关领导首先推荐了王星记扇子。这一切王星记全然不知。当奥组委官员来到厂里考察的时候，王星记派了企业最好的汽车——一辆客货两用的皮卡去接送，奥组委的官员以为是被怠慢了，转身去了其他扇厂考察。但最后还是回到了王星记，因为他们实在找不出比王星记扇子更好的扇子。当后来得知这辆皮卡是王星记最好的轿车时，他们被深深地打动了：王星记就是在这样的条件下，生产出了中国最好的扇子，这就是中华老字号的精神。于是，王星记扇子被选为送给外国元首的礼品。之后，王星记扇子又被选为上海世博会礼品，成为唯一的礼品扇。

王星记这一中华老字号的瑰宝，可谓是：一扇绝，绝天下；一技绝，绝古人；独步天下，舍我其谁。

云南中华老字号的品牌故事

导　语

昆明以"春城"闻名于世，地处祖国的西南边陲，是一个被春天拥抱着的城市，花团锦簇、四季如春，也是一个被深厚的历史文化底蕴所浸透的城市，一批著名的中华老字号融入这个城市历史文脉，与这个美丽的城市结下了不解之缘，诉说着不寻常的故事。我们去寻访昆明中华老字号的历史痕迹时，发现它们在"春城"的历史浸润中，已经成为这个城市的文化符号。桂美轩的滇式月饼、建新园的过桥米线等带有鲜明地域色彩的品牌，则把这种具有浓郁春城特色的中华老字号文化，深深地镌刻在城市历史的记忆中。而云南昭通的月中桂，在中华老字号的大花园中同样光彩夺目。

一、桂美轩：经营谋略夺天下

桂美轩作为滇式月饼的代表，是一个创立于 1936 年的老字号。它选址于玉带河畔，在 20 世纪 30 年代的昆明城已有几家食品连锁店铺。当亮出"桂美轩"的字号时，品牌立意之雅，令人耳目一新，立即吸引了昆明市民的眼球。创办人任明卿是一位清朝皇族后裔，本姓桂，因躲避战乱从京城来到昆明。因滇式火腿一直是宫廷的贡品，他对云腿那种丝丝入味的口感一直难以忘怀，加上他手中有宫廷制作糕点的秘方，遂决定用正宗宣威火腿来制作滇式月饼，在月饼家族中增添一个新的品牌。后来，在月饼品类中，就形成了著名的"四大家族"，即苏式月饼、广式月饼、京式月饼和滇式月饼。任明卿创建的桂美轩滇式月饼，为中华月饼文化写下了浓墨重彩的一笔。

创业伊始，怎么命名滇式月饼的字号呢？任明卿为了遥寄对故土和远方亲人的思念，先用了自己皇族的族姓——桂，而"桂"也可暗指中秋佳节嫦娥与吴刚在桂花树下相会；此外，月饼是中华民族团圆的象征，寄寓了人们无限美好的祈愿与祝福，"桂美轩"的字号就这样确定下来了。

1936 年，正值全面抗战前夕，日本占领了东三省，控制了华北地区，大量北方难民流入昆明。国难当头，民不聊生，任明卿确立了"诚信待客，让利于民"的经营宗旨。在市场定位上，因当时大多数老百姓的收入还比较低，任明卿便以低端消费人群为主要目标市场。同时，考虑到全国各地躲避战乱的迁移民众较多，任明卿对月饼口味进行了改良，兼顾各地百姓尤其是北方人的口味。

任明卿深知，要想生产出正宗的滇式月饼，首先必须有最好的滇式火腿。于是，他亲自去滇式火腿的原产地宣威，一家一家地考察，挨个品尝产品，力求寻找到最优质正宗的滇式火腿。选定火腿厂家后，他通过马帮把火腿运到昆明。这样，桂美轩与火腿厂家合作，形成了长期且稳定的配套供应关系。这种西方现代的供应链管理，在任明卿那里早已得到了实施。

为了在市场上一炮打响，任明卿采取了独特的营销策略和手段。过去是一斤十六两制，一块月饼是四两。任明卿很清楚，提供老百姓需要的物美价廉的商品是打开市场大门、形成核心竞争力的关键。在他的要求下，桂美

桂美轩月饼

轩的月饼每块重四两五钱，比其他厂家多出了半两。通常的月饼是四块十六两，而桂美轩是四块十八两，整整比别人多出了二两。在经济条件比较差的 20 世纪 30 年代，这对消费者来说是一个颇具诱惑力的让利和实惠。任明卿的这一营销奇招，立即在昆明掀起了购买桂美轩月饼的高潮。人们口口相传，奔走相告，这种口碑传播使桂美轩在春城声名大振。到年底一核算，扣去成本，桂美轩基本没有盈利，但却赢得了口碑和信誉。跟任明卿合伙的其他三个股东认为任明卿是傻瓜，他们一气之下集体撤股。任明卿只好单打独斗，苦撑危局，力渡难关。好在经过前期一年的市场渗透，桂美轩的品牌已经被消费者认同和接受。随后，任明卿又连续开发了许多新产品，市场规模迅猛发展，盈利水平不断提升，桂美轩很快就成为昆明食品行业中的佼佼者。

桂美轩开业一年后，抗日战争全面爆发，北方民众大量涌入，尤其是西南联大的迁入，不仅给昆明带来了新的市场机遇，也带来了新的文化气息。每逢中秋佳节，桂美轩月饼就成为这些寄居他乡的人们寄托乡愁的载体。当时四大月饼的产地，除了出产滇式月饼的昆明外，均已落入日寇之手，此时手捧桂美轩月饼，就算是遥寄对远方故土和亲人的无限思念。因此，桂美轩月饼作为国统区中秋佳节的一种文化符号，被赋予了特殊的意义。中华人民共和国成立后，东南亚的许多华人还专程来到昆明，指名要购买老字号桂美轩月饼，昆明政府专门组织生产了一批桂美轩月饼出口东南亚，以满足当地华人的需要。因此，桂美轩也成为东南亚的区域性国际品牌，从而成就了中华老字号的一段佳话。

创新始终是桂美轩企业文化的灵魂。改革开放后,面对竞争激烈的市场环境,桂美轩以产品创新带动品牌提升,焕发了新的生机。桂美轩新掌门人陈静根据昆明盛产花卉,并且以花入食的特点,开发出了玫瑰花饼,开创了玫瑰花食品的先河。玫瑰花饼面市后,畅销国内外市场,为桂美轩这一中华老字号品牌注入了新的活力。以花为食,趣味盎然,桂美轩的玫瑰花饼,与其说是一种食品,毋宁说是一种美食的艺术品。

二、建新园:神奇美食创造品牌魅力

建新园是目前昆明饮食行业唯一的中华老字号品牌。虽然云南省外的消费者可能不知道建新园的品牌,但是一提到过桥米线,几乎是无人不知、无人不晓。

昆明建新园

建新园走过百年,几代人口口相传,一碗米线卖了一百多年,而且越卖越火,享誉大江南北,足见中华老字号的无穷魅力。建新园始建于1906年,原名"三合春"。中华人民共和国成立后,老店的几个股东一致认为,三合春应当为新中国建设发出自己的光和热,从"建设新中国"的美好愿望出发,他们决定把旧字号改名为"建新园"。1956年公私合营,云南省人民政府合并了100多家个体饮食店,但主要保留和使用的是建新园字号。因此,建新园是一个充满了浓厚时代色彩的老字号品牌,这在全国的中华老字号企业中也是不多见的。一个具有百年建园历史的云南餐饮名店,至今仍是云南过桥米线市场上最正宗的一家,其独特的风味吸引着众多中外食客。建新园被誉为宝善街"第一金字店",当家产品有三个:过桥米线、干锅耳饲和摩登粑粑。这三个产品都有传奇般的品牌故事,给建新园品牌文化增添了无穷魅力。

1. 过桥米线

清代,云南蒙自县城有一书生,英俊聪明,贪于游玩,不愿读书。他有一个美丽的妻子和年幼的儿子。夫妇二人感情很深,但妻子对书生喜游乐、厌读书深感忧虑。一日,她对书生说:"你终日游乐,不思上进,不想为妻儿争气吗?"闻妻言,书生深感羞愧,就在南湖筑一书斋独居苦读,妻子与书生分忧,一日三餐均送到书斋。书生学业大进,但日渐瘦弱。妻子很心疼,思忖如何为书生进补身体。一日,妻子宰鸡煨汤,切肉片,备米线,准备给书生送早餐。儿子年幼,戏将肉片置汤中,妻子怒斥儿子的恶作剧,速将肉片捞起,视之,已熟;尝之,味香,大喜。遂携罐提篮,送往书斋。因操劳过度,晕倒在南湖桥上,书生闻讯赶来,见妻已醒,汤和米线均完好,汤面为浮油所罩,无一丝热气,疑汤已凉,以手掌捂汤罐,灼热烫手,大感惊奇,详问妻制作始末,妻一一详道。良久,书生云,此膳可称为"过桥米线"。书生在妻子的精心照料下,考取了举人。

这个故事被当地百姓传为佳话。从此,过桥米线随着这个故事不胫而走,竟成云南名膳,最终成为享誉大江南北的一道著名小吃。

2. 干锅耳饲

耳饲是昆明人日常喜爱的一种小吃,原先只有汤煮一种吃法。当时在昆明市区有一家饮食店,以耳饲著称,每日顾客盈门。一日,一名军阀来到店中要了汤锅耳饲。厨师把汤锅煮上后出去抽水烟,竟忘记了耳饲还煮在锅灶上。将军等了许久未见耳饲上来,开始发怒。店小二赶紧去厨房问厨师。厨师回到锅灶一看:这汤锅里哪里还有半点汤!那边将军正催得急,重煮一锅显然是来不及了。于是,他急中生智,抓了一把豌豆、几片云南火腿,加上调料,在锅中翻炒几下便端了上去。将军从未见过如此做法的耳饲,问这是怎么回事。店小二吓得战战兢兢,编了一个谎话说:"这是专门为将军

建新园过桥米线

您做的干锅耳饲。"将军尝了一口,发现味道好极了,大加赞美。于是,干锅耳饲便成了这家门店的当家饮食,并在昆明流行开来。

3.摩登粑粑

摩登粑粑这一美食则与抗战时期的一段故事有关。粑粑又称饵块,是云南特有的一种地方小吃。据记载,抗战时期随着敌占区人口的涌入,以及美国航空队的进驻,昆明这座古老的西南边陲城市出现了前所未有的繁荣,人口急剧增加到50多万,成为国统区最现代化、最繁盛的国际化城市。当时在昆明的闹市区,有一家小吃店,主要食品是昆明人爱吃的粑粑,类似于北方的小饼子。店主是两位靓丽的摩登女郎。过去的粑粑一般是咸味的,而抗战期间来自沿海地区的百姓很多,加上帮助中国抗战的美国士兵对原来咸味的粑粑不太适应,于是店主决定用进口的甜味奶酪做原料,将其拌和在粑粑中。这种具有西式风味的创新粑粑一经推出,立即受到了年轻消费者的欢迎。为了区别奶酪甜味粑粑与传统粑粑,昆明市民根据小店两位美女老板的摩登特征,称之为"摩登粑粑"。至今,摩登粑粑仍然是昆明的一道著名小吃。

三、月中桂:昔时相伴云南王

月中桂是昭通市唯一的中华老字号企业,主要生产糕点食品,当家产品是绿豆糕。云南昭通是三省通衢之地,与四川、贵州接壤,背依乌蒙山,濒临金沙江。20 世纪二三十年代,这里商贾云集,贸易昌盛,经济繁荣。1928年,一位来自北方的熊姓商人创建了"月中桂"这家老字号。昭通是旧时"云南王"龙云的故乡,月中桂的故事与龙云有着千丝万缕的联系,给这一老字号蒙上了一层神秘的色彩。

昭通是个多民族聚居的城市,以汉族、彝族、回族等民族为主,呈现出多元文化的特点。月中桂的创始人熊老板当初来到昭通后,发现此地糕点食品非常匮乏,尤其是北方盛行的绿豆糕在昭通根本就看不到。他决定创办一家糕点作坊,除生产本地人喜欢吃的云腿月饼外,着重引进北方市场流行的绿豆糕。为了给自己的作坊起个吉利的名字,他想到了民间传说的月宫中吴刚与嫦娥的故事,于是便定名为"月中桂"。这个名称令人联想起嫦娥奔月的故事以及月宫中的桂树,每每回味,兴味无穷。在制作工艺上,月中桂仍然采用北方传统的绿豆糕的做法——重糖重油,这比较符合当时食品消费口味偏重的特点。当时,普通百姓缺油水,月中桂绿豆糕是难得一见的"奢侈品",许多顾客买回去舍不得直接吃,而是把它作为点心或汤圆的馅料。几十年来,许多老字号已经淡出了人们的记忆,昭通人唯独对月中桂绿豆糕情有独钟。因此,月中桂成了昭通的一张金名片。

月中桂产品

龙云是出生在昭通的彝族人,父亲早逝,与母亲和唯一的妹妹相依为命。青年时代的龙云离开昭通,求学云南讲武堂,开始了戎马倥偬的军人生涯,但他对故乡昭通特别眷恋,在担任云南省政府主席的十八年间,经常回乡省亲考察,也给月中桂这一品牌带来了许多难忘的记忆。月中桂原址在昭通最著名的法国风情大街的繁华路段。这条大街是龙云完全按照法国的建筑风格与样式建造的,这在当时是一件划时代的大事,毕竟昭通地处偏远的川、滇、贵交界处,受西方文化的影响还很小。龙云曾在越南河内居住过,他看到华贵典雅的法式建筑后,下决心要在昭通按照此样式修建一条法式风情街。为了让这条法式风情街在夜色中更具魅力,龙云又建造了发电厂,使昭通早在19世纪20年代就用上了电,成为当时云南最早通电的城市之一。月中桂一方面用电力来进行生产加工,大大提高了生产效率,一方面在店堂里用电灯照明,改善了经营条件。每到夜色降临,华灯初上,明亮的电灯照射着月中桂的牌匾,使之成为昭通法式风情街一道独特的风景。

月中桂店铺离龙云家只有百米,龙云回家必经月中桂店铺门口,每次路过,他都要看看它的生产经营状况,可以说他对这一老字号非常熟悉并且情有独钟。龙云在昆明居住期间,如果听说有人从昆明回昭通,他总是嘱咐其带上月中桂绿豆糕,送给下属和远道而来的贵宾,月中桂由此声名大振,成为云南的知名品牌,畅销川、滇、贵三省。

月中桂绿豆糕还与龙云的妹妹——龙姑妹有一段渊源。龙姑妹乃昭通当地女中豪杰,平时外出,策马配枪,英姿飒爽。她一生未嫁,把全部精力用于发展昭通的文化和经济,除创办了现代化的学校外,还创建了云南第一家糖厂。月中桂绿豆糕的主要原料除了绿豆和猪油外还有食糖。当时食糖主要靠进口,不仅成本高,而且还常常断货。龙姑妹从国外进口了蔗糖的生产设备,很快就生产出了合格的食糖,从此月中桂用上了龙姑妹生产的食糖,不仅供货和品质有了可靠的保证,而且因为用的是昭通自己生产的食糖,昭通人在品尝月中桂的糕点时更品出了一种独特的滋味。

津门老字号:面向历史与未来的抉择

天津毗邻北京,不仅地缘相近,文化相同,而且工商业一直相互借力、相互提携,因此成为中华老字号的重镇。天津老字号数量庞大,形态丰富多样,涉及各个行业和各个历史时期,从明清传统行业的老字号到近代西方工业技术进入中国后形成的老字号,从普通生产性企业到工艺美术类老字号,各领风骚,可以说浓缩了中华老字号的发展历史。其中的杰出代表有与同仁堂同源的达仁堂、桂发祥十八街麻花、杨柳青年画、狗不理包子、独流老醋、飞鸽自行车、劝业场等。这些老字号不仅成了天津的城市名片,也成了天津最珍贵的文化遗产。

天津在振兴中华老字号工作中,始终处于全国领军的第一方阵,这与主管中华老字号工作的政府职能部门的努力是分不开的。为此,我们采访了率天津老字号企业来杭州参加中华老字号博览会的天津商业联合会书记卞瑞明(采访时间:2010年10月)。作为长期在天津政府职能部门分管老字号行业的主要领导,他不仅对老字号有着深厚的感情,更对老字号有着深刻的理解,知道老字号的酸甜苦辣。在采访中,他将天津老字号许多传奇故事娓娓道来,勾勒了一幅天津老字号历史与未来的画卷。

他首先强调,天津老字号的形成与天津的城市历史是密不可分的。与苏杭不同,天津始终是北京的拱卫城市,以"天子渡口"而得名,古有"九河下梢天津卫"之说。自1404年设卫以来,依托北京的政治、经济和文化的巨大辐射,加上本身的地理优势,天津很快成为商贾云集、漕运便利的北方重要通商口岸。也正是由于这样得天独厚的优势,天津在近代又成为现代西方工业输入最早的城市,这些丰厚的积淀都为天津中华老字号的形成提供了丰厚的土壤。另外,天津的城市文化和经济直接受到北京的巨大影响。明清时期,每年皇帝外出祭祖,皇室人员便来天津度假休闲。到了近代,随着清朝的灭亡,清朝皇室的遗老遗少中不少人选择了移居天津,自然把宫廷的许多工艺、人才、资金带到了天津。比如,中国近代第一个股份制企业劝业场是一位清朝王爷用闲钱投资的(把资金放在北京目标太大,容易招眼,放在天津既能避开麻烦,又因距离较近便于管理)。

接着,卞瑞明书记梳理了天津老字号的现状。经过排查,统计出天津有老字号企业150家左右。原国内贸易部认定的第一批中华老字号企业中,天津有30家;天津报批商务部的第二批中华老字号企业有36家,在全国虽然不是最多的,但无论是从覆盖的门类来看,还是从品牌的影响力来看,在全国都位居前列。

中华名包"狗不理包子"

天津"狗不理"

为了把天津老字号推上一个新的台阶,卞瑞明书记如数家珍地说出了他心中的振兴天津老字号的五大工程。他的着眼点既是立足天津的,又是面向全国的;既是着眼历史的,又是面向未来的。因此,他向我们展示的也是全国老字号的美好明天。振兴天津老字号的五大工程具体如下。

第一,天津老字号调研工程。

对天津所有的老字号进行排查,在摸清家底的前提下,有的放矢、分门别类地开展工作。这项工作说起来简单,做起来非常困难,有些企业的法人已经多次变换;有的老字号传人年事已高,记忆力衰退;有些老字号的资料已经遗失,对这些宝贵的老字号资源再不进行抢救,以后可能就没有机会了。这次老字号排查工作开展了两年多,基本摸清了天津老字号的家底。

第二，天津老字号宣传工程。

一些老字号已经渐渐淡出了人们的视线，许多年轻人对老字号已经非常陌生了，振兴中华老字号的一个迫切任务就是培育老字号未来的消费者，而年轻人无疑是未来的主流消费群体，让更多的年轻人了解老字号就是为老字号培育未来的市场。基于这样的认识，天津市着力启动了老字号宣传工程。天津市商务委员会作为老字号的主管部门，积极与《天津日报》合作，开辟了津门老字号宣传专版，安排 5 名记者专门采访老字号企业，每周一期免费刊载宣传老字号企业的文章，一年下来有 30 多家老字号企业获得了在天津党报宣传的机会，极大提升了天津老字号的品牌影响力。同时，由天津市商务委员会牵头，以卞瑞明为主编，出版了一套天津老字号系列丛书。这是国内第一套系统介绍老字号的丛书。全书近 60 万字，配有许多珍贵的老字号照片，2007 年由中国商业出版社出版后，在业界和全社会引起了强烈反响，有力地推动了老字号的品牌传播。

此外，天津市商务委员会落实了一批有影响力、有实力的老字号企业建立博物馆，由政府给予资金支持和政策扶持。目前，已有老美华建设完成了鞋博物馆以及酒博物馆，正在建设中的有杨柳青博物馆以及桂发祥博物馆，最终天津市要完成 10 家老字号博物馆的建设。这些老字号博物馆，既能很好地保存老字号的技艺与文化，又是一扇传播津门老字号的窗口，与旅游等新的业态相连接，通过这样的资源整合与业态整合，力求把一批优秀的老字号打造成新的城市名片。

第三，老字号横向合作工程。

开展横向合作和强强联合，发挥老字号的集群优势，提升老字号的品牌附加值。天津准备与浙江老字号企业和老字号协会合作，共同筹建中华老字号奢侈品孵化基地，利用中华老字号品牌资源和核心技术的优势，把一批顶尖的中华老字号打造成能够与国际顶尖奢侈品抗衡的世界一线品牌，不仅要扩大在国内市场的占有率，而且要打进国际市场，把中国奢侈品卖到国际奢侈品的大本营——欧美发达国家的家门口，真正实现由"中国制造"到"中国创造"的跨越。

第四,老字号专业媒体培育工程。

国家已经把振兴中华老字号上升到国家品牌战略的高度,但是民众对中华老字号的认识还是不够的,加上历史的原因,过去对中华老字号的欠账太多,又缺乏有影响力的全国性的中华老字号传播平台,这在很大程度上影响了中华老字号的传播与品牌提升。在我们采访时,《老字号品牌营销》杂志已获批创刊,这是国内第一份老字号专业媒体,天津市准备与浙江等地老字号协会通力合作,让这一老字号专业媒体为扩大天津老字号在全国的影响力发挥积极的作用,并将之打造成为全国性的中华老字号传播平台。

第五,中华老字号品牌保护工程。

必须清醒地看到,老字号企业除了极少数上市企业或国有控股企业外,绝大多数是中小企业,虽然产品很有特点,但是地域性很强,市场专业化程度不高,市场网络建设和市场拓展艰难。因此,政府一方面要加强对老字号企业的扶持力度,另一方面要帮助老字号企业建立和完善现代企业制度,提升其市场营销的专业化程度。唯有如此,中华老字号企业才能基业长青,在世界品牌之林中立于不败之地。

无锡市中华老字号商业街策划案

一、背景介绍

在无锡市大力挖掘文化遗产、提升城市文化品位、发展文化创意产业的背景下,周新古街区作为无锡市重点开发的十大文化古镇之一,其修复与保护被列入无锡市政府文物保护部门的整体规划。周新古街区的修复与保护,是落实无锡市委、市政府文化遗产保护与发展战略的重要举措。

在做好文化资源修复与保护的同时,统揽全局,进行商业开发的整体策划,是保证项目规划与执行的科学性、前瞻性、合理性的前提。因此,我们提出了中华老字号商业街的策划思路。周新古街区文化遗产的保护与开发,应当着重考虑以下八个方面。

第一,按照市场运营的要求和规律统领本项目的商业规划。

周新古街区的商业规划,要考虑许多复杂的因素,如文化保护、建筑设计以及产业链整合与提升等。在合理保护文化资源的前提下,从建筑设计到功能规划,都必须按照市场运营的要求和规律来进行合理配置与布局,服从于业态规划的大局,否则,势必造成建筑的功能设计与业态规划的脱节,给今后的商业开发埋下隐患。

第二,凸显江南水乡的历史文化风貌,作为商业开发的重要平台。

周新古街区是具有浓郁江南水乡特色的文化遗产,有丰厚的历史文化积淀。经典的清末民国时期的建筑,浓缩了无锡工商业发展的脉络。而临河而建的水街,则彰显了独具风味的无锡民居特色。因此,从地方文化遗产的挖掘来看,周新古街区是无锡市不可多得的文化资源库。

第三,打造中华老字号文化资源新平台,实现本地产业的转型升级。

无锡市正在从文化资源的开发与利用入手,通过旅游休闲、文化娱乐等行业的有效对接,实现产业价值链关联节点的联动,推动本地产业的转型与升级。把这一策略落到实处,尤其要以中华老字号文化开发为依托,以充实内涵、挖掘历史文脉为思路,带动旅游业的升级。这一背景对于周新古街区来说,既是一次难得的机遇,也是一次重大的挑战。抓住这次周新古街区修复、开发的机遇,引入文化产业元素,优化产业结构,形成新的经济增长点,乘势而上,是我们策划本项目的战略着眼点。

第四,协调好中华老字号文化资源与商业业态的匹配性与兼容性关系。

文化资源开发项目普遍存在着与商业业态难以匹配的问题。周新古街区的修复与开发同样面临这样的问题。在修复与开发工作中,既要保护文化资源的原有风貌,又要在不损害文化原生态的前提下,通过文化资源的开发带动商业的联动,兼顾社会效益与经济效益。

第五,合理布局中华老字号商业业态。

周新古街区文化资源与商业资源的合理匹配与协调开发,有着历史与现实的双重基础。一方面,周新二街是一个反映无锡工商业变迁的典型街区,利用该项目,合理开发商业资源,本身就是对周新古街区历史风貌的恢复与保护。同时,应充分考虑到现有的商业业态,新业态应与历史上的业态有传承关系,能够反映出街区工商业变迁的脉络,这也是未来旅游资源与商业资源开发中的重要卖点。另一方面,周新二街周边有大量的本地居民,以及约800万平方米新住宅开发所带来的新居民,还将迎来因市政府搬迁而流入的大量消费人群,这一现实与潜在的消费人群,是该项目商业开发必须锁定的目标市场。项目的业态策划应充分考虑到上述市场因素进行商业业态的整体布局。

第六,通过中华老字号文化资源与商业资源的合理配置与有效互动,提升文化与商业的双重价值。

周新古街区本身具有良好的商业文化积淀,这是其鲜明特色。以商业文化作为文化遗产保护与开发的项目,在长三角地区是不多见的。我们可以以此作为切入点,着力进行打造与推广,形成本项目的差异化亮点。因此,必须充分考虑每一个文化资源与商业的对接点,以及文化资源的商业价值。通过文化资源与商业资源的合理配置与有效互动,实现在恢复与保护文化资源的同时,带动商业价值的提升。

第七,中华老字号商业业态规划应具有可操作性与市场可执行性。

周新古街区作为文化遗产保护与商业开发合二为一的项目,其商业业态的规划不能脱离市场实际、过于理想化,也不能无的放矢,一味地模仿跟风。要从自身的资源特色出发,设计的项目必须有现实的市场,有利于招商和营销推广,能够在短期内迅速启动市场,并给商户带来实际利益,同时还要给未来的发展预留空间。

第八,招商与推广既要着眼现实,又要循序渐进。

周新古街区的商业规划要取得成功,除了商业规划本身要有科学性之外,更重要的是有成熟的市场运作策略与技巧。作为一个涵盖不同行业的综合性商业项目,必须有一个战略性与策略性的整体考虑,尤其要从市场的角度通盘规划。因为商业规划首先着眼的基点是市场与消费,从太湖镇周边的实际情况来看,目前的主要消费人群还是当地居民,消费方式比较传统,消费能力也不可能很强。虽然周边的地产开发将会带来新的消费人群,但由于入住率不高,尚未形成气候。市政府的搬迁也将是2~3年以后的计划。与高端功能业态相匹配的高端目标消费人群主要分布在市区,而大量的中低端消费人群则是本地居民，因此，在业态规划上必须为这部分消费人群预留相应的业态空间，从而实现高、中、低端不同消费人群的业态资源与项目设计合理配置。同时，考虑到未来消费人群和市场的变化，必须为业态的调整预留必要的空间。

上述分析，是我们制定周新两个古街区商业策划案的背景。

二、周新古街的商业环境及其定位分析

鉴于周新古街区的修复与保护是一个依托中华老字号文化资源的综合性项目，我们将项目策划切入点确定为：把中华老字号文化资源的保护与商业开发有机地结合统一起来，并考虑到商业业态与文化资源的匹配性、协调性。项目策划的基本思路为：借力周新古街区文化遗产的保护，整合资源，架构商业开发的平台；通过商业开发，增加文化遗产的内涵。

利用原有的商业文化历史遗产，把文化资源与商业业态统一起来，进行周新古街区的整体开发，是该项目的一大特色或亮点，也是该项目区别于其他文化保护项目的重要差异点。

商业开发是周新古街区修护与保护项目本身的内容之一，并不存在一些文化保护项目中因商业开发破坏文化资源的问题。相反，如果缺乏完整的商业业态规划，将影响周新古街区原有风貌的恢复与保护。

周新古街区是民国初年无锡本土知名的工商业街区，也是周边地区第一个按照现代城市街道规划的商业街区。同时，街区设计借鉴了江南水乡的街道临河而建的传统，形成了具有鲜明特色的江南水街的风貌。周新古街区凸显了在传统美中有现代感、在现代感中有传统美的鲜明特色。这正是周新古街区的最大亮点，是项目开发最重要的文化基础，也是该项目商业策划的重要抓手。

（一）周新古街的商业环境

商业项目策划主要是从资源与市场匹配的可实现程度及其盈利预期，去考虑该项目的整体策略及其实现方式。周新古街区商业策划应当考虑的核心要素如下。

1.市场环境

(1)消费人群的构成特征:消费者的阶层、年龄、消费能力、消费习惯等。

(2)竞争状况:周边是否有同类的商业形态、竞争对手的经营状况、自身产品的优势等。

(3)产品的同质化程度与可替代性程度。

(4)业态整合方式与盈利状况:主业态与相关业态的匹配方式;各个业态的相互衔接与补充形态对消费的影响;业态的盈利能力与水平;经营的风险因素。

2.资源优势

(1)文化资源优势:驰名商标、中华老字号等传统文化遗产的商业价值;中华老字号传统作坊、制作工艺的现代商业模式的开发与经营;景观与文化资源的独特性所具有的营销能力;文化资源对商业平台构建的贡献度;文化资源的延伸与文化资源深度开发的商业价值;文化资源与商业资源整合后具有的经营能力与招商吸引力。

(2)区位优势:周新商业街区交通的便利性;餐饮、娱乐业重度消费人群消费的便利性;商业街区所处的空间位置对周边消费人群的辐射能力,对无锡主城区高端目标消费人群的吸引力,对周边旅游目标消费人群的吸引力。

(3)市场资源优势:周边原有的庞大的居民消费群;800万平方米新开发楼盘入住居民带来的潜在消费能力;周边教育园区的学生消费群体;未来市政府搬迁带来的公务消费群体;潜在的旅游消费群体。

3.文化特色

(1)原生态江南水乡民居,保留了完整的民俗学样本。

(2)江南地区仅有的临水而建的水街景观。

(3)江南地区保存最完整的近代工商业街区。

(4)中华老字号传统的手工作坊与手工制品。

二、周新古街的定位

1.业态整合

(1)区域主业态(餐饮业)与辅助业态(休闲娱乐)的互补,构成产业链的合理衔接与贯通，实现产业资源的优化配置与有效的延伸开发，拓展产业发展空间，增加市场机会与盈利点。

（2）培育商业业态的集群优势，提升本项目的核心竞争力。

（3）以中华老字号步行街形式，引入现代商业要素，实现传统商业元素与现代商业元素在统一的经营模式下的有机结合。

（4）通过业态布局，将高端市场资源与中低端市场资源合理配置，推进业态的分层、有序运营，覆盖不同需求层次的市场，构建完整的市场结构布局。

2.业态定位

（1）为避免同质化经营，应当通过对市场环境与业态的分析，找出本项目独特的卖点，奠定业态定位的基础。

（2）采取"避强定位"的策略，不与同类的强势品牌和项目做正面竞争，通过差异化定位，找到自己的优势与亮点。

（3）不宜采用单一定位，而是采用综合定位的方式。

本项目的业态定位是：以中高端演艺展示餐饮为主体的主业态，以休闲购物为从属业态的多功能商业综合体。

3.业态的延伸开发

（1）以本项目为依托，通过旅游市场渠道的拓展，把周新古街区打造成无锡乃至长三角地区的知名旅游休闲景点。

（2）通过提升项目的景观价值与商业价值，带动周边商业地块的升值，为房地产运营预留经营空间。

（3）基于本项目的休闲购物功能的建设与完善，逐步把本项目培育为周边地区市民的休闲与服务中心。

（4）在恢复与开发周新古街区传统作坊与手工艺产品的基础上，把本项目培育为中华老字号文化创意产业（传统非物质文化遗产）的研究基地与人才培训基地。

三、周新古街区中华老字号商业策划的原则

对于周新古街区的商业策划，着眼点如下。

第一，以创意引领商业规划，用创新思维布局业态结构。

第二，以资源整合的合力，建构业态互补的格局，形成聚合优势。

第三，以业态的鲜明特色，打造差异化的亮点。

第四，以策略上的前瞻性，形成本项目的核心竞争力。

第五，以差异化中华老字号产品为切入点，迅速打开市场。

第六，挖掘中华老字号文化存量资源，架构商业资源开发的平台。

第七，以近期的商业开发，带动远期的旅游与房地产项目的开发。

第八，以政府主导的先期开发形式，带动后期的多种投资主体的资本运作与商业运营。

第九，业态结构必须有充分的兼容性和可拓展性，使本项目能够为未来的不同的业态发展提供空间和平台，不断发掘新的经济增长点。

四、周新古街区中华老字号商业策划的创意构想

第一，以"水"作为主业态的核心创意元素，作为不同业态的联系节点。包括水上餐饮、水上舞台表演、水疗保健、水上休闲游乐、水街景观等。

第二，主打百年中华老字号品牌，以非物质文化遗产作为打造特色餐饮的招牌和经营的亮点，以无锡和江南的百年老字号餐饮为基础，引进全国百家老字号餐饮品牌，打造长三角地区乃至全国最大的老字号餐饮一条街，形成群集效应。

第三，在周新古街区建立"非物质文化遗产老字号研究中心"，构建餐饮业的从研发到生产的完整体系；利用水街的建筑空间，设立老字号的展示长廊，使之成为旅游景点；设立老字号餐饮的培训基地，拓展餐饮业的外围产业链。

第四，餐饮业的业态结构以中高端为主，辅以大众化的中低端的餐饮产品，并延伸到传统食品生产行业，从而形成完整的餐饮产品链，既能充分满足不同层次的消费需求，又能形成自己的鲜明特色，适应周新古街区建筑与文化传统的功能性需要。

第五，餐饮业与传统食品制作业在布局上以水街为主，考虑到水街建筑的特点与局限，水街的不同街区在功能上应有所区别。初步设想是：根据闪

溪河与周新桥自然分割的格局,把餐饮、食品、传统手工艺制作分为四大区块,即高档餐饮区,传统小吃一条街区,传统食品和手工艺品制作区,茶馆、休闲娱乐业和非物质文化遗产研究中心区。

第六,为打造无锡老字号和品牌集聚的特色街,计30~40家门面完成基本一致的装修风格,整体形象上下联动。以现代零售业商业为主和相关配套的服务业为辅。吸引世泰盛呢绒布绸店、懋纶绸缎庄、周信昌零剪百货店、开原寺素斋馆、人和菜饭店、新洪兴菜馆、太湖船菜、慎馀肉庄、三凤桥肉庄、仁号茶食店、徐嘉和茶食店、新新食品商店、大吉春参药店、西天宝鞋帽店、亨达利钟表店、紫罗兰美发厅、天发浴室、玉泉浴室、湖光照相馆、光明眼镜店及红豆、光明等无锡现代著名品牌入驻。

由于周新古老街区是传统的民居建筑,在面积和功能上有许多局限性,必须在建筑的设计与施工上给予高度的重视。如果建筑设计与业态不匹配,将给后来的运营管理带来极大的困难。因此,对于周新古街区的商业开发必须充分考虑到以下四个方面的问题:①建筑物对于业态的影响与限制,如建筑面积的大小、建筑的层高、有无下水道、有无操作间。②除了核心区块的业态功能应当固定下来外,对于其他的辅助功能业态的项目,应做动态考虑,建筑物的设计施工应满足业态调整的要求,对不同的业态有一定的兼容性。③业态布局的规划必须充分考虑现有的市场格局与未来的市场潜力,在功能上应首先满足现实市场的需要,并为未来市场留有一定的空间,而不能完全从未来的市场着眼。在市场容量还比较有限的情况下,业态功能格局需不断调整。因此,业态功能的完善是一个逐步到位的过程,不可能一蹴而就。④水街与步行街在建筑风格上应尽量协调统一,但在功能上应相互区分、相互补充、相互支撑,形成一个内在联系的商业结构形态。

五、周新古镇"一河两街"的功能布局

现阶段,周新古镇"一河两街"(周新老街、骂蠡港滨水凉棚民居、周新中路商业街)的主要规划如下。

(1)周新老街:周新老街北街(周新桥北1~6号),周新老街南街(望湖路3~36号)。

（2）骂蠡港滨水凉棚民居：戴巷 1～8 号，二巷 54～64 号。

（3）周新中路商业街：20 世纪 80 年代以前的周新中路就是周新直街，它与周新老街（南、北街）构成十字商业街。20 世纪 80 年代后旧城改造，原有的直街拆除，改建成现在的周新中路。商业街现在主要为当地居民服务的基层配套商业，两侧建筑以一层和二层建筑为主。

（一）周新中路各单体建筑现状分析和建议用途

1. 地址：周新中路 5～15 号

主要功能：特色服装，服装定制，创意饰品，百货。建议引进无锡老字号。如：世泰盛呢绒布绸庄、懋纶绸缎庄、周信昌零剪百货店、亨达利钟表店、湖光照相馆、光明眼镜店等及红豆、光明等无锡著名品牌和创意、创新类小店。

名称：1 号建筑。

商业经营：20 世纪 80 年代以后六层商业建筑（底层营业），目前商业经营为银行、面点、网吧、服装店及五金店。

体量：有严重的视觉污染。

维修性质：拆除。

外观：面阔 63.7 米，高 20.3 米，玻璃幕墙，锦砖贴面，分散悬挂空调外机且无隐蔽处理，一层店面有卷帘门。

名称：3 号建筑。

商业经营：20 世纪 80 年代以后三层公共服务设施建筑。

体量：有一定的视觉污染。

维修性质：拆除。

外观：面阔 25.2 米，高 12 米，洋瓦坡顶屋面，外墙涂料粉饰，门窗为塑钢窗。幼儿园围墙较现代，高约 2.7 米，铁艺装饰。

名称：5 号建筑。

商业经营：20 世纪 80 年代以后五层商业建筑（底层营业），目前商业经营为照相馆、饭店。

体量：有严重的视觉污染；建筑质量一般，四类建筑风貌。

维修性质：保留维修。

外观:面阔 25.5 米,高 19.2 米,坡顶屋面,外墙锦砖贴面,大部分阳台以塑钢窗的形式封堵,零散分布少量空调外机,无隐蔽措施。一层店面有卷帘门,二层都装有防盗网。

名称:7 号建筑。

商业经营:20 世纪 50 年代至 80 年代三层商住建筑(底层营业),目前商业经营为电器行、超市。

体量:有一定的视觉污染;建筑质量一般,四类建筑风貌。

维修性质:保留整修。

外观:面阔 40 米,高 10.8 米,坡顶屋面,四个阳台呈对称分布,墙面为水泥砂浆拉毛,所有门窗形式统一,一层店面有卷帘门,部分店招遮挡二楼阳台。

名称:9 号建筑。

商业经营:20 世纪 50 年代至 80 年代一层商业建筑,目前商业经营为批发部、药店。

体量:基本协调;建筑质量差,三类建筑风貌。

维修性质:维修改善。

外观:面阔 20.8 米,高 7 米,小青瓦坡顶屋面,外墙为锦砖贴面,有卷帘门。

名称:11 号建筑。

商业经营:20 世纪 50 年代至 80 年代一层商业建筑,目前商业经营为饰品店。

体量:基本协调。

维修性质:维修改善。

外观:面阔 6.9 米,高 5.3 米,坡顶屋面,外墙涂料粉饰,有卷帘门。

名称:13 号建筑。

商业经营:民国两层商业建筑,目前商业经营为服装店,历史上为商铺;文物保护单位。

体量:协调;建筑质量较差,二类建筑风貌。

维修性质:维修改善。

外观:面阔 8 米,檐口高度 5.9 米,小青瓦坡顶屋面,屋脊缺失,一层外墙饰面板贴面,二层外墙为白色粉刷。

名称:15 号建筑。

商业经营:民国两层居住建筑,历史上为商铺;文物保护单位。

体量:协调;建筑质量较差,一类建筑风貌。

维修性质:维修改善。

外观:面阔 6.6 米,檐口高度 3.3 米,小青瓦坡顶屋面,屋面损坏,屋脊缺失,墙面为涂料粉刷。

2.地址:周新中路 17～35 号

主要功能:特色餐饮;定制食品;小吃;休闲娱乐。建议引进无锡老字号如状元楼菜馆、聚丰园菜馆、聚鑫园菜馆、横云饭店、醉月楼菜馆、喜福楼饭店、人和菜饭店、新洪兴菜馆、功德林素菜馆、王兴记馄饨店、清和楼茶馆、三万昌茶楼等。

名称:17 号建筑。

商业经营:民国两层居住建筑,历史上为民居;文物保护单位。

体量:协调;建筑质量较差,一类建筑风貌。

维修性质:维修改善。

外观:面阔 8.2 米,一层檐口高度 2.6 米,二层檐口高度 4.7 米,小青瓦坡顶屋面,屋面局部损坏严重,烽火墙损坏,墙面粉刷层剥落,砖墙裸露。

名称:19 号建筑。

商业经营:民国一层商业建筑,目前商业经营为服装店、诊所、钟表店、小吃店,历史上为商铺。

体量:协调;建筑质量较差,二类建筑风貌。

维修性质:维修改善。

外观:面阔 48.5 米,檐口高度 2.2 米,小青瓦坡顶屋面,脊背局部残缺,脊头缺失,墙屋面局部凌乱,瓦垄不顺,连檐,瓦口缺损,墙面为涂料粉饰或锦砖贴面。原有传统式样门窗无存,均为后期改装的卷帘门、玻璃门、防盗门、木门式样,仅存东侧第二间还是栅板门。

名称:21号建筑。

商业经营:20世纪50年代至80年代一层商业建筑,目前商业经营为百货店、水站。

体量:协调;建筑质量较差,二类建筑风貌。

维修性质:维修改善。

外观:面阔9.2米,檐口高度3.2米,小青瓦坡顶屋面,屋脊损坏,屋面局部凌乱,瓦垄不顺,墙面为锦砖贴面,檐口被后期装以铁制落水管,原有传统式样门窗无存,均被后期改装为卷帘门、玻璃推拉门。

名称:23号建筑。

商业经营:20世纪50年代至80年代两层商业建筑,目前商业经营为杂货店、水站、服装店、街道办公用房、照相馆等。

体量:视觉污染不大;建筑质量较差,四类建筑风貌。

维修性质:保留整修。

外观:面阔36.7米,檐口高度5.6米,洋瓦坡顶屋面,一层墙面有涂料粉刷,锦砖贴面,饰面板等;二层墙面为白色粉刷,悬挂空调外机,无隐蔽措施。门窗样式复杂,有卷帘门、玻璃门、木门,窗为玻璃木窗。

名称:25号建筑。

商业经营:20世纪80年代两层商业建筑,目前商业经营为地板行。

体量:有一定的视觉污染;建筑质量较差,二类建筑风貌。

维修性质:保留整修。

外观:面阔11.8米,高9.4米,黑色洋瓦坡顶屋面,墙面白色涂料,两侧为锦砖贴面,檐口被后期装以PVC水管,铁制防盗门两侧为罗马柱,里侧是无框玻璃门,一层窗外是铁艺防盗栅栏。

名称:27号建筑。

商业经营:20世纪50年代至80年代两层商业建筑,目前商业经营为面包店、旅社、服装店、干洗店和家具店。

体量:有一定视觉污染;建筑质量较差,四类建筑风貌。

维修性质:保留整修。

外观:面阔36.5米,高9.4米,黑色洋瓦坡顶屋面,墙面有水刷石,水泥砂浆拉毛,大理石,锦砖贴面,檐口被后期装以白铁皮雨水管,门窗样式杂乱,有卷帘门、玻璃门、玻璃塑钢移门、玻璃窗、铝合金窗、塑钢窗,窗外有铝合金防盗网。

名称:29号建筑。

商业经营:20世纪50年代至80年代三层商业建筑,目前商业经营为网吧、药店、理发店、服装店、皮鞋店等。

体量:有一定视觉污染;建筑质量一般,三类建筑风貌。

维修性质:拆除。

外观:面阔27米,高12.7米,黑色洋瓦坡顶屋面,墙面一层为涂料粉饰,锦砖贴面,其余楼层为水泥砂浆抹面,有半开敞式的楼梯间,二、三楼有阳台。门窗样式杂乱,有无框玻璃门、木门玻璃塑钢平开门、玻璃塑钢移门,除一层用大块玻璃外,其余楼层都是塑钢窗。

名称:31号建筑。

商业经营:20世纪50年代至80年代四层商业建筑,目前商业经营为面包店、水果店。

体量:有严重视觉污染;建筑质量一般,三类建筑风貌。

维修性质:拆除。

外观:面阔14米,高15.7米,红色洋瓦坡顶屋面,一层墙面为涂料粉饰,其余楼层为水泥砂浆抹面,东侧有阳台,西侧有空调外机,无隐蔽措施。门窗为木门、卷帘门、玻璃钢窗等。

名称:33号建筑。

商业经营:20世纪50年代至80年代三层商业建筑,目前商业经营为五金装潢店。

体量:有一定视觉污染;建筑质量一般,三类建筑风貌。

维修性质:拆除。

外观:面阔7米,高12.7米,红色洋瓦平顶屋面,一层墙面涂料粉饰,二层水泥砂浆抹面,西侧阳台,门窗为卷帘门、玻璃钢窗。

名称:35号建筑。

商业经营:20世纪80年代以后四层商业建筑,目前商业经营为鞋服超市、餐饮店。

体量:有严重的视觉污染。

维修性质:拆除。

外观:面阔 18.8 米,高 14 米,平顶屋面,一层锦砖贴面,其余楼层涂料粉饰,檐口被装以雨水管,悬挂空调外机,无隐蔽措施。西侧有消防铁梯,巷门墙面涂料粉饰,装铁皮门。门窗为无框玻璃门、卷帘门、塑钢窗。

3. 地址:周新中路 8~16 号

主要功能:配置居民所需药店、超市、美容美发休闲服务,保留原银行、国家电网等配套机构。建议纳入同丰参药店等老字号中药店、锦泰隆茶叶店、紫罗兰美发厅、天发浴室等配套服务商号。

名称:2 号建筑。

商业经营:20 世纪 80 年代以后四到六层商业建筑,目前商业经营为饰品店、鞋店、药店。

体量:有严重的视觉污染;建筑质量一般,三类建筑风貌。

维修性质:保留整修。

外观:面阔 33.9 米,高 21.4 米,黑色洋瓦坡顶屋面,墙面涂料粉饰,悬挂空调外机,无隐蔽措施。一层为卷帘门、玻璃门,其余楼层为塑钢窗,部分装防盗网。

名称:4 号建筑。

商业经营:20 世纪 50 年代至 80 年代以后三层商业建筑,目前商业经营为超市、复印店、服装店、杂货店、家电维修部、眼镜店。

体量:有一定的视觉污染;建筑质量较差,三类建筑风貌。

维修性质:保留整修。

外观:面阔 34.2 米,檐口高度 8.4 米,坡顶屋面,墙面水泥砂浆抹面,悬挂空调外机,无隐蔽措施。门窗为卷帘门、玻璃推拉门、玻璃钢窗。

名称:6 号建筑。

商业经营:20 世纪 50 年代至 80 年代三层商业建筑。

体量:有一定的视觉污染;建筑质量较差,四类建筑风貌。

维修性质:拆除。

外观:面阔 16 米,高 10.3 米,坡顶屋面,墙面水泥砂浆抹面,有阳台木门、玻璃钢窗。

名称:8 号建筑。

商业经营:20 世纪 50 年代至 80 年代三层商住建筑,目前商业经营为修理部、鞋服超市、食品店、理发店。

体量:有一定的视觉污染;建筑质量较差,四类建筑风貌。

维修性质:保留整修。

外观:面阔 26.9 米,高 12.4 米,平顶屋面,外墙除一层是锦砖,饰面板贴面外,其余楼层为水泥砂浆抹面,一层为卷帘门、玻璃门,二层为欧式窗洞,外加铁艺防盗网,三层为塑钢窗。

名称:10 号建筑。

商业经营:20 世纪 80 年代后五层商业建筑,目前商业经营为银行。

体量:有严重的视觉污染;建筑质量较好,三类建筑风貌。

维修性质:保留整修。

外观:面阔 35.8 米,高 21.5 米,平顶屋面,外墙锦砖贴面,玻璃幕墙,门窗为无框玻璃门、塑钢窗。

名称:12 号建筑。

商业经营:20 世纪 80 年代后五层商业建筑;目前商业经营为国家电网。

体量:有严重的视觉污染;建筑质量一般,三类建筑风貌。

维修性质:保留整修。

外观:面阔 23.5 米,高 17.4 米,平顶屋面,墙面涂料粉饰,门窗为玻璃门、塑钢窗,一层窗外装防盗网。

名称:14 号建筑。

商业经营:20 世纪 80 年代后五层商业建筑;目前商业经营为音像店、批发部、五金店等。

体量:有严重的视觉污染;建筑质量一般,四类建筑风貌。

维修性质:保留整修。

外观:面阔 57 米,高 16.9 米,平顶屋面,墙面为水泥砂浆抹面,分散悬挂空调外机,无隐蔽措施,门窗为木门、玻璃推拉门、卷帘门、玻璃门、塑钢窗,部分装防盗网。

名称:16号建筑。

商业经营:民国一层居住建筑,历史上为商铺;文物保护单位。

体量:协调;建筑质量较差,一类建筑风貌。

维修性质:维修改善。

外观:面阔7.3米,高4.4米,沿街部分为建筑北立面,小青瓦坡顶屋面,墙面为涂料粉刷,与传统风貌相去甚远。

4.地址:周新中路24~32号

主要功能:建议引进老字号或特色餐饮、创意生活小店及其他零售类老字号商店,如美食城、拱北楼、三阳南北货商店等。

名称:24号建筑。

商业经营:20世纪80年代后六至七层商业建筑,目前商业经营为饭店、服装店、油漆店等。

体量:有严重的视觉污染;建筑质量一般,三类建筑风貌。

维修性质:保留整修。

外观:面阔37.4米,高23.4米,平顶屋面,外墙为玻璃幕墙,锦砖贴面,分散悬挂空调外机且无隐蔽措施,门窗为卷帘门、无框玻璃门、塑钢窗。

名称:26号建筑。

商业经营:20世纪80年代后三层文化建筑,目前商业经营为电器店、服装店、打印店。

体量:有一定的视觉污染;建筑质量一般,三类建筑风貌。

维修性质:保留整修。

外观:面阔25.2米,高11.6米,坡顶屋面,外墙锦砖贴面,分散悬挂空调外机且无隐蔽措施,门窗为玻璃推拉门、无框玻璃门、卷帘门、塑钢窗。

名称:28号建筑。

商业经营:20世纪80年代后一层商业建筑,目前商业经营为家具店、杂货店等。

体量:基本协调;建筑质量较差,三类建筑风貌。

维修性质:保留整修。

外观：面阔 25.6 米，高 6.1 米，洋瓦坡顶屋面，墙面锦砖贴面，檐口装以 PVC 雨水管，门窗为卷帘门、防盗门，塑钢窗外加防盗网。

名称：30 号建筑。

商业经营：20 世纪 50 年代至 80 年代后二至三层商业建筑，目前商业经营为服装店。

体量：有一定的视觉污染；建筑质量一般，三类建筑风貌。

维修性质：保留整修。

外观：面阔 11.7 米，檐口高度 10 米，平顶屋面，外墙水泥砂浆抹面，一层饰面板贴面，空调外机隐蔽处理，门窗为卷帘门、无框玻璃门、塑钢窗，二层窗外加防盗网。

名称：32 号建筑。

商业经营：20 世纪 80 年代后三层商业建筑，目前商业经营为服装店、理发店、百货店、电器修理店等。

体量：有一定的视觉污染；建筑质量一般，三类建筑风貌。

维修性质：保留整修。

外观：面阔 23 米，高 9.8 米，坡顶屋面，建筑两侧对称，中间为打通的阳台，外墙马赛克贴面，门窗为卷帘门、玻璃推拉门、防盗门、无框玻璃门，二层塑钢窗外加防盗网。

杭州老字号调查研究

作为七大古都之一的杭州，历史文化底蕴深厚，人文荟萃，经济繁荣。在杭州经济文化建设史上，出现过一大批商界精英，如胡雪岩、都锦生等先辈，他们为杭州的经济文化发展做出过巨大的贡献，在重农轻商的封建时代，他们留下了一个个闪亮的金字招牌。他们数十年上百年的商业行为，为杭州的经济发展、文化传承建立了无可磨灭的功勋，也形成了中华民族商业文明发展的闪光轨迹。老字号是杭州历史文化名城的重要标志，是中华民族传统文化的瑰宝，其特有的地域垄断资源具有巨大的无形资产价值。老字号都曾有过辉煌的历史,但近年来随着市场竞争的日趋激烈,许多老字号面临着生存和发展的危机,一些老字号甚至销声匿迹。也有一些老字号经过市场经济的洗礼,重新焕发出勃勃生机。老字号往往面临着两种前途、两种命运,呈现出危机与生机并存的局面。当前,杭州正着力建设现代化国际大都市,振兴杭州老字号,利用老字号品牌资源发展传统特色工商业和文化旅游业,既是促进杭州经济发展的有效途径,又为保护杭州传统风貌、扩大文化古都的影响力、提升城市综合竞争力带来新的机遇。

一、杭州老字号概述

明清及民国时期,杭州一直是江南重要的工商业中心。随着沪杭甬和浙赣铁路的先后建成通车,杭州经济快速发展,"杭州西湖"名扬海内外,传统工艺与日用品生产领域出现了许多著名的商号。1929年,杭州举办西湖博览会,杭州在国内外的影响力得到全面提升,经济发展走上快车道。到1931年,杭州商店总数达10363家,从业人员达48600多人。全面抗战前夕,市区商号已发展至14611户,同业工会143个,达到了民国时期杭州商业的顶峰。全面抗战开始后,民族经济遭到毁灭性破坏,杭州大量商铺或内迁或关闭,市井萧条,民不聊生。抗战胜利后,杭州经济渐渐复苏,至杭州解放前夕,市区有商号9467家。中华人民共和国成立后,于1952年开始对私营工商业进行社会主义改造,到1956年公私合营时,大批连家铺子、规模较小的字号商号被取消了名号,杭州开始实行社会主义计划经济。

我们所称的"杭州老字号"指的便是成立于1956年公私合营前,沿袭和继承了中华民族优秀的文化传统和技艺,具有鲜明的地域文化特征和历史痕迹,有较广泛的知名度和历史影响,信誉良好的商号、字号和商业文化品牌。早在2005年年底,我们通过历史资料整理、市场调查,结合部分杭州老市民的回顾,共收集到90家杭州老字号的资料,其中部分老字号已经消亡或被兼并。近几年,因为政府及市场主体意识到老字号品牌的丰富内涵,现大多恢复经营。在这90家老字号中,餐饮、服务业老字号有29家,如知味观、楼外楼、山外山、新新饭店、杭州酒家等;日用百货老字号19家,如小吕宋、杭州解百、边福茂等;书画、工艺品老字号有12家,如西泠印社、邵芝岩、王星记、都锦生、张小泉等；副食品业老字号有 19 家，如万隆、老大昌、五味和等；中药业老字号有 11 家，如胡庆余堂、方回春堂、张同泰、叶种德堂、万承志堂等。其中历史最为悠久是始创于明万历年间的朱养心药室（即现在的杭州朱养心药业有限公司），已有 400 多年历史，中国刀剪业的龙头"张小泉"也有 300 多年历史。绝大多数老字号创建于 1840—1937 年，是名副其实的百年民族品牌。

二、杭州老字号的现状

（一）杭州老字号的地理分布

杭州的城南地区（解放路以南）是杭州的历史发祥地，是旧时杭城的主要政治中心和商业中心。清朝末年，杭州最繁华的商业闹市是在望江门内的望仙桥直街（今望江路）、大井巷一带。沿望仙桥直街有翁隆盛、方回春堂、状元馆、叶种德堂等一批老字号。望仙桥河下的大石库门墙内都是中药材批发行、参燕鹿茸专营店，鼓楼到水师前（通江桥东）是鞋帽一条街。由于大井巷街区靠近吴山，生意也随吴山香市的繁荣而繁荣，从有记载的创业最早的店铺——朱养心膏药店开始，街区内的店铺逐渐发展成以药业、香烛业、饮食业和旅游日用品四大行业为支柱，大井巷整个街区逐渐发展成杭州的商业闹市区。附近清河坊一带的后市街、河坊街、祠堂巷则有许多钱庄和南货店。

清末民初时期河坊街沿街、中山中路沿街以及大井巷两侧布满了大小商店，这一带在当时就已经聚集了杭州二十几家百年老店，成为杭州的"商业金三角"。民国以后，从 20 世纪 20 年代开始，杭州的商业中心移至清河坊、保佑巷和三元坊巷，即今中山中路鼓楼到官巷口段。杭州现存的老字号主要集中分布在河坊街、中山中路、大井巷及湖滨地区的一些老街之中。

1. 河坊街历史街区

清河坊是老杭州商业的缩影，包括河坊街的华光巷和大井巷、鼓楼一带，主要聚集中医中药、民间艺人、小吃饮食、土特产四大业态的老字号，如多益处、状元馆、胡庆余堂、叶种德堂、方回春堂、万承志堂、宓大昌旧址、孔凤春旧址（现王润兴酒楼）、万隆、张允升旧址、潘永泰、天一堂、吉祥坊、王星记、张小泉、采芝斋、益元参号、蒋同顺，以及北京的同仁堂、荣宝斋，天津的桂发祥、华宝斋等。

2.中山中路传统商业街区

南宋时，现中山路是都城临安的御街，也是临安城南北主轴线。沿街商铺林立，诸行百市样样齐全。现中山路沿街两侧仍保留着很多清代至民国初的商业建筑，还有不少仿西方式建筑，是杭州市内近代建筑最集中的街道。这条长三四里的小街上，至今还保留着老大房、豫丰祥、邵芝岩、边福茂、广合顺、信源、张同泰等一批老字号。

3.解放路、湖滨旅游商贸特色街区

湖滨旅游商贸特色街区是市商业核心区块，活跃着都锦生、天香楼、知味观、采芝斋、小吕宋、杭州解百、翁隆盛、张小泉、杭州照相馆等一批老字号。

(二)杭州老字号的产业特色

1.饮食文化

饮食文化是中国传统文化的重要组成部分，楼外楼、知味观、山外山、天香楼、奎元馆、杭州酒家、状元馆、新新饭店、王润兴等一批老字号，引领着杭州的饮食业。它们所经营的菜肴具有独特的地方口味，其生产经营的商品或服务项目展示着杭州源远流长的各种文化内涵，如西湖醋鱼、叫化童鸡、东坡肉、西湖莼菜、龙井虾仁等，另有许多精致美味的茶食、糕点如杏仁酥、太史饼、松子软糖、吴山酥油饼等。名源于南宋林升的传世名句"山外青山楼外楼"的楼外楼饮誉海内外，创建于清道光二十八年(1848)。孙中山、宋庆龄、何香凝等都曾光临楼外楼，中华人民共和国成立后，周恩来总理曾先后9次在楼外楼宴请外国政府首脑。再如有"江南面王"之称的奎元馆，面条柔韧，烹调独特，汤浓味美，其中虾爆鳝面、片儿川面最负盛名。素菜馆也是杭州老字号餐饮业的一大特色，有功德林、香积林、素春斋、素香斋、素馨斋"二林三素"，其中素春斋的素食烹饪技术以素托荤、精致惟妙，最为知名。

2.国药

在形形色色的老字号店铺中，历史最悠久，影响最深广，实力最雄厚，建筑最华丽者，当数国药馆。南宋时，杭州药业鼎盛。在清代，杭州成为江南

杭州楼外楼

中药生产、销售的集散地,国药业成为杭州经济的一大支柱产业。在望仙桥、清河坊一带闹市区,名店迭出。顺治六年(1649),方回春堂国药号创建;嘉庆十年(1805),张同泰国药号创建,刻有《丹丸全录》,名扬杭嘉湖地区;光绪四年(1878),"红顶商人"胡雪岩创建的胡庆余堂正式开业。到民国二十年(1931),杭州有大小药店、药行150多家,其中胡庆余堂、叶种德堂、万承志堂、方回春堂、张同泰、泰山堂号称杭州药业"六大家"。"北有同仁堂,南有庆余堂",以胡庆余堂为代表的杭州国药业在中华医学的发展历史上占有非常重要的地位。

3.传统书画

"自古江南出才子",杭州历来才子佳人辈出,文人骚客云集,千年的文化熏陶,为传统书画领域培育了巨擘级的老字号。位于杭州西湖孤山南麓的西泠印社,创建于1904年,经百年传承,融诗、书、画、印于一体,是我国研究金石篆刻历史最悠久、影响最广大的学术团体,其影响力辐及日本、韩国以及东南亚、北美洲、欧洲,有"天下第一名社"的美誉。再如位于中山中路的邵芝岩笔庄,制作的毛笔以"尖、齐、圆、健"四绝为特色,为杭城文人墨客所称道,并多次在各类博览会上获奖。

胡庆余堂碾药的工具"铁船"

4.丝绸

丝绸是东方文明的象征之一，杭州素有"丝绸之府"美称。距今 5000 多年的良渚遗址出土丝织物就已揭示了杭州丝绸的历史之久，唐代大诗人白居易"红袖织绫夸柿蒂，青旗沽酒趁梨花"的诗句又道出了当时杭州丝绸的品质之高，旧时清河坊鳞次栉比的绸庄更见证了丝绸经济的繁荣。杭州丝绸图案新颖，富贵华丽，许多产品荣获国家级或省级优质产品奖，远销 100 多个国家和地区。其中最为知名的都锦生丝绸厂创立于 1922 年，曾是中国最大的丝绸工艺品生产的出口企业。都锦生织锦色彩瑰丽，织工精细，雍容华贵，在国际上多次获得金奖，被国际友人誉为"东方艺术之花"。

5."五杭"：杭剪、杭线、杭扇、杭烟、杭粉

"五杭"为旧时杭州商界名店名产的民间俗称。清时，杭州大街小巷布满大小店铺，前门开店，后设作坊，技艺世代相传。商铺普遍重视商品质量和信誉，涌现许多名店名产。《杭俗遗风》载："扇店推芳风馆为首，其余则张子元、顾升泰、朱敏时等；线店推张允升为首，其余则胡开泰、张大森、鼎隆德等；粉店推裘鼎聚为首，其余则关玉山、金建侯等；烟店推达昌为首，其余则陈四海、迎丰、天润、天隆、玉润等；剪刀店则惟张小全（泉）一家而已。"[①]张小泉剪刀、王星记扇子、孔凤春鹅蛋粉等皆为皇家贡品。

---

① 陆鉴三.西湖笔丛［M］.杭州：浙江文艺出版社，1985：341.

6.龙井茶叶

茶文化的发达,加之便利的水陆交通、丰富的历史文化、适宜的气候与水文条件,使杭州成为全国茶都。杭州所产龙井茶叶品质优良,"色绿、香郁、味甘、形美",分"狮、龙、云、虎"四大系列,具体可以细分为几十种,狮峰极品龙井茶曾在巴拿马博览会获奖,龙井如今已成为国内知名的绿茶品牌。

此外,在与百姓生活密切相关的日用百货及服务业领域,涌现了一批名店、老店。如,时人称"头顶天、脚踏边"的天章帽庄、边福茂鞋庄,合称钟表业"两亨"的亨得利、亨达利,以及小吕宋百货商店、解放路百货商店、毛源昌眼镜、杭州照相馆、时美理发室、清泰第二旅馆等。

(三)杭州老字号的物质文化遗产与非物质文化遗产

1.老字号历史建筑

丰富的文物古迹和历史建筑是杭州成为国家首批公布的国家级历史文化名城的基石之一。老字号的建筑大多具有中国传统老店铺的建筑风格,其中不少是古迹或历史建筑。杭州老字号建筑中有全国重点文物单位2处(胡庆余堂、西泠印社),省级文物保护单位有新新饭店中西楼、清泰第二旅馆旧址、通益公纱厂旧址、浙江兴业银行旧址等,市级文物保护单位包括万源绸庄、河坊街四拐角近代建筑群、叶种德堂中药店旧址、胡庆余堂、张同泰药店、源丰祥茶号旧址等,历史建筑包括九芝斋旧址、保大参号旧址、朱养心膏药店旧址、张小泉剪刀店旧址、邵芝岩笔庄等。这些老字号建筑是杭州文化特色的主要载体,是杭州历史文化名城不可多得的物质文化遗存,是杭州古城风貌的重要组成部分,具有非常重大的保护价值。

2.老字号非物质文化遗产

非物质文化遗产是指具有杰出价值的民间传统文化表现形式或文化空间。传统文化表现形式主要包括:民间文学(包括作为文化遗产载体的语言)、民间美术、民间音乐、民间舞蹈、戏曲、曲艺、民间杂技、民间手工技艺、生产商贸习俗、消费习俗、人生礼俗、岁时节令、民间传统知识、传统体育竞技等。文化空间指按照民间传统习惯的固定时间和场所举行的传统的、综合性的民间文化活动,如庙会、传统节日庆典等。

在2006年5月公布的首批国家级非物质文化遗产推荐名录中,浙江省共有 37 项传统文化名列其中，杭州有 7 项榜上有名，老字号占据其中 4 项，分别为：西泠印社金石篆刻（民间美术类）、小热昏（曲艺类）、张小泉剪刀锻制技艺（传统手工技艺类）、胡庆余堂中药文化（传统医药类）。无形的非物质文化遗产的保护比有形的物质文化遗产的保护更加困难，因为它们更加脆弱和易逝。非物质文化遗产对于城市而言意义非凡，因为它们是这座城市的遗产，是这座城市的传统，是这座城市的文脉，是这座城市的根，是这座城市在光阴中悄然前行时留下的记忆。

3.老字号博物馆

目前，杭州好几家老字号企业建有博物馆，如胡庆余堂中药博物馆、都锦生织锦博物馆、张小泉剪刀博物馆、西泠印社中国印学博物馆、朱炳仁铜雕艺术博物馆、太极茶道博物馆、中国扇博物馆等。杭州老字号企业协会正在提议筹建杭州老字号精品博物馆，将它建设成为一个能够全面展示老字号的历史文化、研究推广百年品牌等功能于一体的文化空间，成为杭州宣传中华文明、中华民族优秀传统和民族精神的阵地，成为杭州历史文化名城的又一道独特风景。

中国扇博物馆的镇馆之宝"扇业祖师殿"石匾

（四）杭州老字号的生存发展现状

目前，杭州老字号企业的产权关系分别归属于杭州商业资产经营公司、杭州市上城区人民政府、杭州市园林文物局、杭州二轻集团等；地理位置主要集中在上城区河坊街、中山中路和湖滨地区一带；按行业分，主要涉及餐饮业、国药业、工艺品类、日用百货业、副食品业、服务业等。

　　杭州老字号以经营传统产品为主,但新时期的市场对传统产品的需求已经发生了很大的变化。茶叶、丝绸、扇子、剪刀历来是杭州四大名产,百年老字号中不乏经营这四大名产的名店。一则顺口溜表明了这四大名产如今的态势:扇子不用了,茶叶怕假冒,丝绸太多了,剪刀(乘飞机)带不了。20世纪90年代以来,由于商业新业态发展和市场竞争加剧,人们生活需求变化,有沉重历史包袱的老字号企业经营机制转换滞后,加之应城市建设需要而被拆迁、应企业改革改制需要而被拍卖等,杭州相当数量的老字号相继退出市场。近年来,随着政府保护工作的加强,杭州老字号企业的经营发展有了复苏的迹象,目前经济效益较好的占到总数的一半多,生产经营维持现状和面临困境的老字号则不到总数的一半。

　　1. 超过半数的老字号发展状况良好

　　不少老字号在市场经济竞争中风雨飘摇,甚至销声匿迹。但是也有相当数量的老字号经过市场经济的洗礼,重新焕发出勃勃生机。

　　(1)保证产品质量和特色,改进技术,提升产品档次,通过文化体验放大和传播老字号的品牌价值

　　老字号恪守企业百年经营的理念,保证产品质量和特色、注重企业信誉,在新的市场环境下,通过技术改造等方式,在产品和服务上不断推陈出新,提升档次。杭州有不少餐饮业、副食品业老字号讲究质量和特色,通过一系列的文化营销,挖掘出老字号背后的文化内涵:以产品为基础,对产品形象、工艺、服务提供的情境、与产品相关的风俗等元素进行整合;深入发掘自身所承载的传统文化,以产品为载体,以文化传播为理念进行产品和服务创新,为消费者营造丰富的文化体验,唤起消费者对老字号及其所承载的中华传统文化的认知与消费热情。代表老字号有:"山外青山楼外楼"的楼外楼、山外山餐馆,"江南面王"奎元馆、"知味停车,闻香下马"的知味观,以及采芝斋、五味和、叶受和等。

　　(2)挖掘文化价值,与杭州的文旅经营接轨

　　老字号是一种具有独特魅力的旅游文化资源,能为城市带来整体的积极效应,在创文化名城中起着重要的作用。杭州市政府重视对传统历史街区的保护建设,大量老字号聚集落户历史街区,既促进了旅游业的发展,又

推动了老字号的经营发展。河坊街集中了如状元馆、胡庆余堂、方回春堂、万承志堂、万隆、潘永泰、天一堂、王星记、张小泉等20多家老字号，集中展示老字号的历史文化、精美特色产品及其制作工艺等，成为中外游客在杭州旅游、观光、购物必到的一处文化景点，企业经营状况也甚为喜人。

杭州老字号企业建设的博物馆也是杭州旅游资源的一大亮点，浓缩了杭州广博而深远的历史文化，打造了杭州的城市个性与独特的城市魅力，自然也成为企业品牌推广传播的一大利器。胡庆余堂中药博物馆、都锦生织锦博物馆、张小泉剪刀博物馆等，凸显了企业无与伦比的品牌内涵和魅力。

(3)科学发展连锁经营

特许经营在国际上被称为第三次商业革命，它能够迅速扩展业务又不需巨额投入。发展连锁经营是老字号品牌扩张的一条出路。杭州毛源昌利用自身的技术、人才、品牌优势，大力拓展连锁经营、加盟，连锁网点遍及浙江全省，早在2004年在浙江省内就已开设近50家毛源昌加盟配镜中心店，形成规模经营优势。近年来，新市场还在不断地开拓。连锁经营是毛源昌发展商业、提高毛源昌品牌在浙江省的知名度的重要方式。

老字号连锁经营的另一个典型是知味观。知味观以品牌为后盾，以总店为依托，利用知味观的品牌优势，实施发展连锁经营战略，使企业得到了快速和持续的发展。科学发展连锁经营，产生经营规模效益，不失为老字号品牌创新发展的一剂良方。老字号如果始终沉湎于过去的辉煌，仍旧抓着原有的经营模式和管理方法不放，必然会"店老字黄"。老字号只有跟着时代走，不断地改革、创新，才能发扬光大，真正做到屹立几百年不倒。

(4)深化改革，走出困境

产权清晰是现代企业的必然要求，也是老字号企业持续发展的保障。不少国有老字号通过企业体制上的全面改革，明确企业的产权，建立了高效能的企业治理结构，成为真正的市场主体，走出了经营困境。

第一，引入现代企业制度，通过资产的重组、人员的优化，老字号在新的机制下重新焕发生机。如民生药业围绕企业改革和发展这一主题，按照市场经济的基本规律，对企业的改革发展进行了探索和实践，先后对企业内部管理机制、生产经营机制、科研机制和用人机制等进行了一系列改革，通过与外企的合资和扩大合资,对企业的资产结构、产品结构、人员结构进行调整,对企业产权制度进行整体改革,使民生药业这家老国有企业获得新生,走上健康的发展道路,企业效益连年创新高,为国有老字号企业的改革发展提供了新的经验和思路。其他如王星记、张小泉、都锦生等国有老字号企业,也通过企业改革大胆创新,发展越来越快。

　　第二,一些不景气的老字号通过合资、并购等方式,注入新的资本,引入新机制,增购新设备,重振声威。我国化妆品行业先驱、拥有 100 多年历史的老字号孔凤春,在 2004 年与广东民营企业飘影集团联合,飘影集团注资5000 万元对孔凤春这一品牌重新包装打造,使其在现代商业竞争中重新焕发当年"皇家贡品"的光辉。

孔凤春经典产品

　　中国青春宝集团有限公司曾是百年老店胡庆余堂的一个制胶车间,1972 年独立建厂,在一座破旧的中药作坊基础上发展成为我国中药行业规模最大、经济效益最好的现代化企业集团之一。1996 年年底,集团兼并了濒临破产的胡庆余堂,当时被称为"儿子吃掉老子"。到 2010 年兼并 15 年来,胡庆余堂年增长幅度都超过 25%。青春宝集团还入驻"江南药王",运用先进的资本运作和营销理念使老字号重焕生机。另外如景阳观、万隆两家老字号的"联姻",杭州蜜饯厂与杭州紫香食品集团有限公司的"联姻"等,均使老字号再现生机,重放异彩。

2.消亡的老字号"重出江湖",成为杭州社会经济发展的一道独特景观

进入 21 世纪,不断有已经消失的老字号重新开张,成为杭州社会经济发展的一道

胡庆余堂旧址

独特风景。部分老字号由于新城改造、道路整修等原因就地消亡或在市场竞争的多层夹逼中破产倒闭,造成社会资产的巨大损失。在杭州市委市政府的鼓励支持下,杭州老字号企业协会对老字号的社会人文价值、品牌价值不断挖掘和广泛传播,使老字号的含义得到了重新诠释并被社会各界广泛认识:它既是民族财产的重要组成部分,又是民族文化的代表和民族精神的象征。老字号得到了前所未有的重视、保护和拯救。在全国各地老字号不断地倒闭或被兼并退出市场时,杭州却独树一帜:杭州酒家、状元馆、王润兴、方回春堂、万承志堂等已经消失的老字号重出江湖、重新上市,并表现出强劲的发展势头。老字号的重生再次表明老字号不是弱者,它们是一个强势的品牌群体,具有特色的传统技术和民族特点的商业品牌,附带有很高的文化价值,有着不可估量的影响力和品牌价值。很多老字号作为企业实体处于破产的边缘,但哪怕是已经消亡的老字号,它们的商号所蕴含的品牌价值依然具有强大的生命力和市场号召力。

3.尚有不少老字号境况不佳

象征生意隆盛和品质上佳的老字号金字招牌,为何在繁荣的市场经济下悄然隐去,在人们的视野中渐行渐远?综合起来,老字号企业面临的困难体现在以下七个方面。

(1)企业负担问题

多数老字号企业是原国有企业转制企业,背负着计划经济遗留的厚重

历史包袱,人员过多,早期积累不多,企业不但要承担内退人员的工资与社会保险,还要承担退休职工的部分退休工资与福利。过多的负担使得企业难以轻装上阵,造成企业运营困难,资金周转不顺,难以和其他企业竞争。

（2）人才问题

随着市场经济的发展,从事劳动密集型的传统手工艺技术人员纷纷跳槽,技术骨干职工外流,传统工艺面临失传。老字号企业缺乏优秀的管理和营销人才,职工观念老化,管理困难,而吸收新进力量又需要财力支持,企业发展内力不足。

（3）技术问题

机械化、自动化和信息化生产逐步取代了效率低下的手工技艺,很多老字号企业传统产品的生产加工却很难在机械化作业上有所突破,加上资金不足,厂房及其他固定资产老化未能及时更新,使得企业运营成本居高不下,效率又不能有效提高,盈利能力大减。此外,老字号企业的人力物力不足以支持创新的要求,企业投入又无法满足研发与技术改革的条件。

（4）场地问题

大批老字号在城市改造、道路整修中搬迁。原来的老字号企业几乎都在繁华地区,补偿安置却往往在偏远的郊区,拆迁后丧失了地理优势,给老字号的经营带来了较大的影响,有的甚至难以生存下来。一些老字号因拆迁以及来回搬迁造成巨大的停业损失,元气大伤;一些老字号随着街区改造换成了现代化门面或被并入大商场,失去了原有风貌和原汁原味的企业文化;一些老字号多次遭受拆迁,生产经营场所租赁使用,企业因无固定厂房,难以制定长期发展规划,影响企业经营发展,而且场地租赁使企业成本增加,经营难以为继,租赁到期后续租又问题繁多;一些老字号计划扩大生产规模,用地却成为最大的制约因素。

（5）市场问题

如:产品（尤其是糕点类）市场需求滞缓;产品市场需求有很明显的季节性;产品技术含量不高;产品保质期短。

（6）法律问题

近年来,关于商标与字号的纠纷层出不穷,金华火腿、"张小泉"等知名老字号都纷纷卷入无休止的法律纠纷中。商标是生产经营者在生产、制造、加工、拣选或者经销的商品或者服务上采用的,区别商品或者服务来源,由文字、图形或者其组合构成,具有显著特征的标识。经国家商标局核准注册的商标为"注册商标",商标注册人享有商标专用权,受法律保护。"驰名商标"是指在市场上享有较高声誉并为相关公众所熟知的注册商标。字号则是企业名称的重要组成部分,知名企业的字号往往是消费者或公众所熟知的特定符号。商标与字号都是标识,原本并不矛盾。然而近年来,商品商标或服务商标却偏偏与企业名称中的字号"狭路相逢","撞车""搭便车""傍名牌"等现象层出不穷。一些不法商家或个人打着"老字号"的招牌销售低价劣质产品,以假乱真,给老字号企业带来了极大的伤害。

(7)品牌传播问题

老字号企业形象老化。企业自身受资金、人才等因素的影响,在品牌规划、品牌传播方面心有余而力不足。

三、部分杭州老字号积弱不振的外部原因

老字号品牌价值的背后是强大的品牌信用。这种品牌信用是通过数十年乃至几百年的经营历史逐渐积累起来的。

以 30 家道指成分股公司为例,其中将近 60% 的公司寿命超过百年,将近 25% 的公司寿命达到 150 年以上,寿命最短的微软公司和英特尔公司,也达到 30 年以上。而与此相对的是,有专业机构在分析了多数公司的兴衰历程后指出:40% 的新兴公司活不到 10 年便夭折,一般的公司寿命为 7~8 年,一个跨国公司的平均生命周期是 40~50 年。《财富》杂志 1955 年公布的 500 强企业,到 1997 年已有 70% 被淘汰出局。1970 年跻身《财富》杂志全球 500 强的企业,其中的 1/3 于 1982 年后销声匿迹。另一项研究则显示,在日本与欧洲,所有大大小小的公司的平均寿命只有 12.5 年。短寿几乎是企业的普遍宿命。然而,老字号却是一个奇迹般的企业群落,它们普遍有着长寿的特征。这反证出一个普遍性的道理:没有持久经营历史的公司,不足以成为老字号;而要成为老字号,必须致力于持久的经营。企业的经营理念、价值理念、文化风格、行为准则、对环境及产业变迁的认知等,无不需要经过漫

长的时间和考验方能形成与成熟。时间是诚实的,足够长的经营历史表明企业的产品、服务、商业模式和生存能力久经考验,企业因此能够形成强大的品牌影响力和公信力,从而拉动市场客户和经营资源向企业靠拢。

因此,老字号兴盛的奥秘,在于其悠久的历史。在漫长的经营历史中,老字号树立了品牌,培育了公信力,完善了组织,形成了企业文化。如果说老字号的形成有什么路径依赖是绕不开的,那么一定是经营历史。杭州老字号积弱不振的原因,就在于这一路径被人为割断了。

中华人民共和国成立初期,国家对私营经济采取鼓励和支持发展的方针,杭州老字号得到全面恢复和快速发展。1952年开始对私营工商业进行改造,到1956年公私合营,老字号受到第一次冲击。大批连家铺子、规模较小的老字号取消了名号,只有少数声誉显赫的老字号得以保留。20世纪60年代初,杭州私营工商业被彻底改造为国营企业之后,保留下来的老字号也一并改为国有。1966—1976年,杭州老字号受到第二次冲击,老字号作为"封、资、修"产物受到批斗,字号牌匾被砸,店铺被查封。一些著名老字号被改为具有革命色彩的名称,如杭州都锦生丝织厂1966年因受"文化大革命"影响,曾改称为"东方红丝织厂";1972年根据周总理的指示,又改名为杭州织锦厂;1983年才开始恢复使用杭州都锦生丝织厂厂名。在2004年杭州举办的老字号精品博览会上,来参观购物的大多是中老年人,年轻的面孔很少,这便是老字号的品牌和公信力未能在年轻一代成功延伸的反映。

杭州老字号的传统经营方式是家族制。这从张小泉、王星记、都锦生、胡庆余堂等一系列名字中就可以看出来。虽然现代经济学理论对家族企业多有诟病,但家族企业依然有很多优点。在企业属于家族私有的情况下,许多老字号的创业者一开始就抱定了长久经营下去的指导思想,用今天的话来说,是具有永续经营的企业理念。比如胡庆余堂的经营理念就是"戒欺"二字,历代接班人恪守信念,务求长久,不搞短期行为,更不搞假冒伪劣、坑人害命之事。由于家训甚严,家风良好,企业往往长盛不衰。家族企业继任者往往都有着强烈的使命感和荣辱感,立志把祖传产业做大做强,把产品和服务做精做好。他们能准确判断不断变化的外部环境,跟上形势,从而确保自己立于不败之地。家族企业严格的内部控制也保证了其工艺技术一脉相承而不外流，使老字号的风格和特色得以延续。比起国有制企业和现代股份制企业带来的信托责任问题和代理人成本问题，家族企业更简单也更有活力。因此，在中外历史上，老字号发展的初期大多是家族企业性质。只有到了工业时代，因为资本规模化的要求，企业形态才开始倾向于合伙制、股份制和国有制。中华人民共和国成立后的两次大的政治运动，取消了杭州老字号的私有产权制度，改变了其数百年来赖以生存的脉络和基础。

　　"老字号自从公私合营以后，在计划经济体制下得以生存，一旦走向了市场，不能立刻适应市场经济，被淘汰的命运是无法改变的。现在，人们的消费理念也不一样了，对物质的需求从过去的'温饱型'转向追求'高质量、高品位'的生活，'老'字号满足不了顾客的需求，就要被市场边缘化甚至淘汰。"①也有一些老字号感受到生存危机，做了恢复原名称、改善工艺、提高产品质量等努力，但是品牌和社会公信力的重新积累是需要时间的。尤其在巨大的历史断层下，我们甚至可以说，此"老字号"可能并非彼"老字号"，它们的"根"已经断了。

　　从计划体制走向市场化的老字号面临着不利的生存环境。第一，背负着国企重担的老字号无法轻装前进，在市场竞争中步履维艰。第二，在市场经济条件下，老字号由于其无形资产的可利用性，很容易受到其他市场主体的不当侵害，如老字号的商标、商号、产品、工艺技术等，都成为侵害的对象。当前社会法制的不完善和法律救济的不力，又使老字号维权面临比一般企业更难。第三，"一哄而散"的城市化运动不断挤压着老字号的生存空间。企业首先要有一个安居乐业的经营环境，频繁的搬迁对企业的打击是致命的，一方面是对生产经营产生不利影响，另一方面对企业信誉产生不利影响。但地方政策多变，尤其是 20 世纪 90 年代以后，杭州开展大规模的城市改造、拆迁，大批老字号企业被强制搬迁。与此同时，拆迁补偿又不尽合理，往往被补偿安置在偏远的郊区，而原来的老字号企业几乎都在繁华地区。例如，湖滨路一带曾是杭州最繁华的商业中心，有王星记、都锦生、毛源昌等

---

① 王平."老"字号——湮没于繁华街市中[EB/OL].(2004-09-14)[2017-12-30].http://bbs.jxnews.com.cn/thread-43966-1-1.html.

几家老字号,近几年因湖滨地区的城建改造,几家老字号被拆迁到其他地方临时过渡,给它们的经营带来了较大的影响。如王星记在 8 年内搬迁了 3 次,顾客反映想找店址都不知道去哪里,王星记扇业因拆迁直接经济损失已近百万元。出现这些问题的原因,一是有关部门对老字号这一历史文化遗产未予重视,缺乏对杭州传统商业文化发展的长远规划,在城市建设和旧城改造中一味追求所谓的现代化,而忽视对杭州老商业街和老字号的地域风貌、民俗环境的整体保护。二是房地产开发商和权力部门为了追逐商业利益或部门利益,借商业街改造之机占据有利位置,兴建高档写字楼或现代商业设施,迫使老字号离开祖辈经营的黄金地段。

四、保护和发展杭州老字号的意义

(一)老字号在杭州城市发展中的积极作用

传统商业文化是杭州历史文化名城的重要组成部分。从历史发展看,杭州老商业街的发展与老字号兴衰有着密切的联系。一批老字号如楼外楼、知味观、颐香斋、万隆、景阳观、小吕宋、张小泉、王星记、都锦生、胡庆余堂等一直是杭州旅游商贸的标志性店号,其特色商品、服务项目在全市、全省乃至全国都有很高的声誉,成为了解杭州这个旅游城市的窗口。我们说,一个古都应该有古店,古店应该有古品;老城应该有老店,老店应该有传统产品。杭州是座历史文化名城,怎样来体现历史文化名城这一特点呢?主要从地方商业文化中体现。没有古店、古品,怎么算古都呢?老的商业文化也是一种无形资产,需要一代代传下去,否则就会慢慢消失,就会使杭州这座历史文化名城缺乏个性。老字号在创建文化名城中往往能起到非常关键的作用,“老”字号因其丰厚的文化内涵,将给杭州城市建设带来整体的积极效应,而且必将成为一种具有独特魅力的旅游文化资源。

(二)老字号在杭州文化发展中的积极作用

当我们看到可口可乐、麦当劳、福特、IBM、微软这些名字的时候,首先想到的不是经济规模,而是其所代表的美国文化。同样,王星记扇业、张小泉剪刀、都锦生织锦这些人们耳熟能详的名字,代表了杭州的历史、杭州的文化。岁月悠悠,磨灭了多少过往,但这些优质品牌却越磨越亮,闪耀着金子一样的光芒。所以,我们谈老字号,更多的时候不是谈它们的经济价值,而是谈它们的社会文化价值。老字号的文化价值主要体现在三个方面:一是老字号承载着中国传统文化的精髓,是儒家商业文化的载体。老字号大多注重文化内涵和社会认同,常以儒家的伦理道德和处世哲学作为字号的内容和经营之本。二是老字号是杭州城市文化和民族文化的历史积淀。中国地域辽阔,形成了风格各异的城市,不同的城市形成了不同的民族文化特色,而老字号正是城市与民族文化的重要载体和继承者。老字号的传统工艺和产品特色、老店铺的建筑风格是杭州城市文化的重要组成部分。杭州老字号也是江南文化的主要载体之一,保护和发展杭州的老字号对保护杭州的古都风貌和丰富城市内涵都具有重要意义。三是老字号"童叟无欺""至诚至信"的企业文化,影响着社会风气,影响着人们的价值观念,对于现代商业文化的发展和社会主义精神文明建设,都具有积极的意义。老字号具有的这种独特的历史文化价值,是一般企业无法比拟的。

(三)老字号在杭州经济发展中的积极作用

老字号在过去的历史长河中洗练而出,积累了难以计量的无形财富,它的存在和拓展,本身就是一种号召力,是一面商业旗帜。例如,颐香斋的品牌,就可以引发一种消费热潮,而且长盛不衰。代表着颐香斋品质和荣誉的麻酥糖、椒桃片、浇切片、香糕、西湖藕粉,为杭州著名特产,享有百年"陈酿"的美誉。一年一度的"颐香月饼"尤负盛名,频频获得殊荣,产品销往浙江各地,声名远播全国各地。曾有不少外国人慕名而来杭州探秘。百年老字号的金字招牌,不仅可以给企业带来巨大财富,而且能够为企业增加无形资产价值。目前,杭州虽然还没有对老字号的价值进行评估,但从知名度和美誉度等方面考察,老字号产品仍有较大的潜在市场,在消费者心目中仍具有很高的品牌价值。特别是老字号所拥有的独特工艺、优秀品质和良好信誉,在一定条件下都可能转化为经济价值。

一种观点认为,市场经济的原则是自由竞争、优胜劣汰,如此才能优化社会资源的配置,所以老字号在市场竞争中并没有理由要求享受特殊的待遇。这是对的,市场经济的一个重要的原则就是平等。但是根本的不同在于:老字号不仅仅只有经济属性。应当看到,在老字号品牌价值的背后,既有巨大的经济价值,还蕴含着丰富的社会人文价值。老字号及其产品和服务凝结着民族精神、历史文化、地理属性,它是一种独特的标识,是一种胜似万两黄金的无形资产。假如任由老字号一个个地消亡,所带来的品牌损失、商誉损失等无形资产的损失,将难以用金钱来衡量,而这对于社会文明的发展来说,更是无法弥补的遗憾。

优胜劣汰是一种自然规律,任何人也难以改变。但是,对于那些久经历史考验的老字号,却不要人为地将它们消灭了。我们须知,它们的最珍贵之处是它们背后的无形资产。但是,一批老字号却实实在在地落伍了。它们需要拯救,需要更新式的拯救。它们需要更新,需要注入新的活力,形成新的生产力。

我们说政府要保护和发展老字号,就是要保护老字号的这种公益价值。所谓保护老字号,不是保护落后衰亡的企业、产品和服务,而是对具有杭州特色的传统技艺和民族特点的老字号商品和服务进行保护,对具有古都风韵的老字号建筑进行保护,对蕴含在老字号中的文化价值进行保护。老字号通常凝聚了几代人的心血,每一个老字号的背后都有一段悠久的传奇故事,展示出一段源远流长的文化。可以这么说,这些老字号是杭州历史文化的载体和重要组成部分,我们不能因城市的发展而将它们遗弃。简单来说,保护老字号就是:保护其品牌而不是保护其市场;保护其建筑而不是保护其经营;保护其文化而不是保护其利润。

五、保护和发展杭州老字号的建议

(一)深化国有老字号企业改革

老字号要走过风雨飘摇的日子,首先要从企业的体制上全面改革,彻底明确企业的产权问题。产权明确,企业才有希望,老字号才有望走出困境。国有体制是束缚老字号发展的最大障碍。应加快以产权制度为核心的改革,对国有老字号企业进行股份制改造,使之成为真正的市场主体。产权清晰是现代企业的必然要求,也是老字号企业持续发展的保障。老字号企业属于一般竞争性行业,都可以改制为股份制公司,大力推进产权多元化,国有资本可以不控股甚至完全退出,这样有利于解决老字号所有者缺位的问题,从而建立高效的企业治理结构。第一,允许老字号企业原家族传人或主要经营者(掌握传统技艺或特殊工艺的)持大股,也可以实行期权、期股,以利于企业长远发展并充分调动经营者的积极性。第二,支持有条件的老字号企业上市,借助资本市场推动老字号的发展。第三,大部分中小型老字号企业中的国有资本应全部退出,改制为私人资本结构的股份制企业,让老字号重走民营之路。第四,对破产、关闭或被收购、兼并的老字号企业,其品牌应由政府有关部门公开拍卖、转让或有偿使用,所得资金用于扶持老字号的发展。这些已经成为当前经济改革中的热点,各项制度正在实施之中。

(二)优化老字号的发展环境

由于历史的原因,老字号企业普遍存在基础薄弱、发展缓慢的问题。建议杭州市政府把老字号的发展作为保护杭州文化古都和发展杭州经济的一项重要工作,优化老字号发展环境,积极为老字号企业排忧解难。第一,深化行政管理体制改革,在推动企业改制的基础上,尽快实现政企分开,各级政府不再干预企业的任何经营活动。第二,建立政府投入、企业加盟、社会募集相结合的"老字号发展基金",为老字号的发展和改造提供优惠贷款或贷款贴息,用以解决当前老字号在结构调整、产品开发和市场扩张中遇到的资金困难。第三,在土地使用和财政税收上予以支持。对于老字号企业扩大规模或搬迁需要占用的土地,政府有关部门应优先保证,并根据企业的具体情况给予土地使用优惠;对于其生产经营活动,包括扩大投资或出口贸易,政府应给予一定的税收优惠。

尤其应该加大对老字号建筑的保护力度,可从行政、法律、城建等方面入手。第一,在对全市老字号资源进行普查的基础上尽快完善和公布杭州传统商业街和老字号发展规划,并将其纳入杭州总体城市规划。只有在城市规划中对老字号进行整体性和系统性的安排,才能使保护工作落到实处。第二,在城市建设和改造中加强老字号重点地区和重点企业的保护,原则上老字号应就地改造,著名老字号建筑应列入文物保护范围。无论是就地改造还是异地重建,都要尽量保留老字号的历史建筑与传统特色,以体现其历史延续性。对老字号集中的区域应进行重点分析,确定必要的保护范围和建设控制地带。第三,在保护老字号的同时,还应注意保护周围的人文环境和传统街道的历史风貌。应着手制定保护老字号的地方法规，以立法的形式保护老字号这一珍贵的文化遗产，避免再次出现城市改造破坏传统商业街和老字号的情况。

（三）建立老字号商标统一保护制度

商标权主要由《商标法》调整，企业名称权主要由《企业名称登记管理规定》等来调整，不但相关审查权分别由商标局、工商局行使，信息资源无法共享，且具体调整规范的层级不同，现行法律亦未对权利冲突下的法律适用作出规定。

对于目前商标权和企业名称权在确权环节上可合法并存而引发冲突的问题，有三种解决途径：第一，将现有的反不正当竞争机制从执法阶段前置到确权环节，从一开始就不给恶意的在后申请以取得"权利"的机会。但是，反不正当竞争机制不能使善意的冲突情形得到救济，因此不能完全解决权利冲突问题，只能作为补充性的措施。第二，适用纯粹的"在先权"机制。在两权之间适用无条件的"在先权"机制，贯彻"谁在先，谁优先；谁在后，谁灭亡"的原则。第三，有条件地适用"在先权"机制。许多国家的法律适用"在先权"机制，但不是像其他知识产权那样纯粹地采用该机制，而是在赋予申请在先的名称权、字号权以具有阻止在后商标注册效力的"在先权"资格时附加其他条件。就中国而言，兼采上述第一种和第三种方式可以比较好地解决目前面临的商标权与名称权冲突的问题。同时，在适用第三种方式时，应根据中国的具体情况，设置例外规定。比如，在确定商标与老字号的并存是否构成混淆时，在老字号是否在全国范围内有效、是否已经及时登记等方面，对老字号给予特别保护。

（四）创建杭州老字号博物馆

现代意义的博物馆自 17 世纪后期出现，其后在世界范围内迅速发展起来。20 世纪中期以来，博物馆事业更取得引人瞩目的成绩。民众和社会舆论对博物馆的活动更为关注，博物馆参观人数逐年增多。博物馆通过收藏、保护和管理以历史文物、文化财富、自然标本为表现形态的社会财富服务群众。博物馆是收藏记忆的场所，是文化殿堂，已经成为展示与传播本民族及世界各国优秀文化、提升国民素质的重要文化场所。博物馆作为公共文化事业的一部分,越来越受到政府和民众的重视。

中华老字号博物馆的概念,涉及的是中国民族文化发展的一个全新领域。中华老字号博物馆建成之后,那些百年老字号在长期生存发展中所创造的物质层面和精神层面的文化,如生产工艺、科学知识、商业伦理、商业规范、民风民俗、文学艺术等,将得到最大限度的保留与展示,从而唤起民众对优秀传统文化的保护意识和文化自豪感。保护中华老字号,尤其要发挥老字号博物馆的功能,将它打造成为宣传中华文明、中华民族优秀传统文化的重要阵地。

建设杭州老字号博物馆,一要以文博旅游特色资源为主线,政府主要提供土地、场所和资金支持,以民间资本为主体;二要建立相关的职能中心,牵头组织调研,协调并指导老字号博物馆的建设。此外,老字号博物馆的藏品应尽量涵盖全国的优秀老字号企业产品。藏品集中体现了老字号的文化价值、商业价值,参观者通过对藏品的解读,可以领略中华老字号丰富的内涵,由衷地感受到中华民族传统商业文化的魅力,也能读解到老字号在历史进程中所遭遇到的不同寻常的磨砺。同时,丰富的藏品可以为进行深入细致的老字号研究提供有价值的资料信息,有助于研究人员开展相关的工作。

都锦生织锦博物馆

正如浙江大学吕洪年教授所指出的:"创建中华老字号博物馆,我们要抢救这一笔巨大的物质的和精神的财富和遗产,让它们永远在我们这一代人手中'定格',让我们的后代子孙,一走进我们的老字号博物馆,便能懂得我们的先辈创业的维艰、守业的不易和拓展的困难,从而学到他们的精神品

中国阿胶博物馆

德,发扬而光大之。"①老字号博物馆,在世界面貌日新月异、文化呈多元化发展且更替频繁的当代,以其独具的文化慧识和深邃洞见的理性之光影响公众,开启心智,必将成为我国文博事业发展的一个新亮点。

"红顶商人"留"大号"

——记中华老字号胡庆余堂

中华医药,博大精深,千百年来庇护着中华儿女的生息,并远播东亚,至今仍被日本称为汉方,成为中华民族对世界文明的重要贡献。由于中国地大物博、文化各异,各地的中医药又有所不同,带有浓郁的地域特色。清末"红顶商人"胡雪岩在杭州创办"胡庆余堂国药号",就是千百年来传承下来的中医药中的一朵奇葩。它创造出了一套独特的胡庆余堂中医药文化体系,将传统的中医药技术与近代商业有机地结合起来,形成了中医药商业经营和品牌打造的独特模式,从而成为我国非物质文化遗产中的佼佼者。

---

① 吕洪年.创建杭州中华老字号博物馆的理论思考[J].杭州通讯,2006(11):28—29.

一、胡雪岩耗 30 万两白银遍集良方，章太炎书写"胡庆余堂国药号"

清同治十三年（1874），"红顶商人"胡雪岩耗资 30 万两白银，仿江南庭院风格，选址杭州吴山脚下的清河坊，以南宋《太平惠民和剂局方》药典为基础，广纳名医，遍集良方，创建胡庆余堂。一代名家章太炎专门书写了"胡庆余堂国药号"特大楷体，每字高 5 米、宽 4 米，气势磅礴，撼人心魄，可谓是当时的"名人效应"与"售点广告"的完美结合，至今仍是号称"天下第一药局"的金字招牌，也是当时全国最大的店招。从这点可以看出胡雪岩过人的商业智慧。胡雪岩还在堂中里外各置放一副对联："庆云在霄甘露被野，余粮访禹本草师农""益寿引年长生集庆，兼收并蓄待用有余"。这副对联反映了胡雪岩创办胡庆余堂的理念，以"仁"为本，以"济"为任，精心调制庆余丸、散、膏、丹，济世惠民。当时红极一时的二品文官胡雪岩已经 51 岁，拥有土地一万亩，白银三千万两，为国内首富，产业遍及钱庄、当铺、船务、丝绸、茶叶、军火诸业。创办胡庆余堂，对胡雪岩来说虽耗资不多，但了却了他的一桩夙愿：普度众生，济世救民。

胡雪岩投身药业还有一段故事。19 世纪中期，中国民不聊生、瘟疫横行，不仅殃及百姓，甚至传染到了军队。当时西征大帅左宗棠委托胡雪岩帮办军事补给事宜。左宗棠从前线派人找到胡雪岩，让其设法采购军中匮乏的药物。胡雪岩与左宗棠的特使来到杭州当时最有名的叶种得堂购买药品。谁知叶种得堂店大欺客，百般敷衍推诿。经多方努力，最后把药物办齐，特使临行前力劝胡雪岩自己开办药局。这时胡雪岩已经为之心动了。事隔不久，胡雪岩的爱妾患重病，请郎中诊脉开方，派人去叶种得堂抓药，回来后发现有几味中药已经发霉变质。胡再派人去交涉换药，药没换回却招

胡庆余堂国药号

来一通讥笑："要想好药，除非让胡大先生自己开药店。"胡雪岩听后放言："可恶之至，怎么能拿人命当儿戏，难道我胡雪岩真的开不起药店?!"这两件事，使胡雪岩决意要自己开药店，扶贫济世。经过百年苦心经营，胡庆余堂终成誉满天下的一代著名医药商号。

　　二、中华药号公认的只有"两家半"，金字招牌何以一直叫响大江南北

　　中华医药的传承，在很大程度上是由名医和名药号支撑的。大量的医药典籍和名医药方都保存在这些知名药号中。它们是集医疗、保健、养生、制药、生产、经营、管理于一身的专业性、行业性实体，是中华医药产业的中流砥柱。走过百年沧桑，历经磨难，中华药号中得到公认的只有"两家半"：一家是北京的"同仁堂"，一家是杭州的胡庆余堂，还有半家是广东的李济深。在岁月流转中，同仁堂和李济深的药房、作坊等古建筑已被全部拆除，只有胡庆余堂很幸运地被完整保留了下来，从而成为中华医药宝库中的活化石和历史的见证，也使胡庆余堂这一中华老字号金字招牌仍流传至今，焕发着勃勃生机。

　　胡雪岩创建药局时选址河坊街也是精心考虑过的，即依托南宋以来的古医药资源，打造江南第一号药局的品牌。杭州河坊街从南宋建都临安（杭州）后发展起来，到明清两代，河坊街一带形成了医药一条街，规模宏大。这种医药经营的业态是中医药商业的一个鲜明特征。中国的邻国日本，受中华医药业的影响，明治之前也有医药一条街，如江户时期东日本桥的"药研局"。而杭州自南宋以来，医药一条街的传统就一直没有间断过。南宋的保和堂，明朝的朱养心膏药店，晚清的医药"六大家"（胡庆余堂、叶种得堂、方回春堂等），呈现出一条清晰的医药文化的传承文脉。胡庆余堂充分利用了南宋官方所制《太平惠民和剂局方》的药典和制药技艺及规范，并把这一医药文脉发扬光大。

　　《周易》云："积善之家，必有余庆；积不善之家，必有余殃。"胡庆余堂的名号便出于此。但"庆余"和"余庆"却是两字颠倒，其意何为？其中还有一段传说。胡雪岩是安徽绩溪人，与近代名人胡适为同门同宗，祖宗祠堂叫承

1940 年的胡庆余堂营业大厅

庆堂,于是便取其中一字"庆"。不久,胡雪岩陪其母去拜佛,抬头一看佛堂
上有"积善人家,必有余庆"对联,便灵机一动,对母亲说:"就叫余庆堂吧。"
胡母说:"万万不可,余庆堂是奸臣秦桧的府邸名号,取了会被人唾骂的,使
不得。"胡雪岩听之有理,觉得秦桧虽是奸臣,但写得一手好字,不如反其道
取其字。他对母亲说:"那就叫庆余堂吧,既有积善余庆之意,又包含了祖宗
承庆堂的名号。"胡母听后连连称好,胡庆余堂的名号就这样定下来了。从
此,胡庆余堂的金字招牌就一直叫响大江南北,成为中华医药一代名号。

三、暹罗官燕毛角鹿茸,野山高丽东西洋参

胡雪岩创办胡庆余堂之初,邀集了各路名医和药行商家研讨药方和经
营方针,设置了制丹丸大料部、制丹丸细料部、切药片子部、炼拣药部、胶厂
等部门,药局体制初步完备。光绪二年(1876)又在涌金门外(今西湖边的南
山路)购地十余亩,建造制胶厂,设晾驴皮工场、制驴皮工场、丸散工场和养
鹿园,扩大了生产经营规模。光绪四年(1878),在大井巷购地八亩,建造店
面,遂正式开张营业,形成了原料采购、制药、销售三位一体的生产经营体
系。因规模宏大,体制完备,在门首立有"药局"二字。两侧书有楹联"暹罗
官燕毛角鹿茸,野山高丽东西洋参",可谓豪气干云,傲视天下。由于胡雪岩
资金雄厚,出手不凡,每每能延聘到海内名医,置办天下良药,在短短的十多

年中便使胡庆余堂与北京同仁堂（御药号）齐名。

在胡庆余堂的大厅中央,镌刻着"是乃仁术"四个大字作为企业的经营理念。"是乃仁术"源自《孟子·梁惠王》,意为医者仁术为先,彰显了胡庆余堂"以仁立业,存心济世"的宗旨。虽仁术为先,但良药是药店生存的根基。胡雪岩在开业前三年,就出资邀集江南医药名家研制出"胡氏避瘟散""诸葛行军散""八宝红灵丹"等秘制药品,派出一批身穿"胡庆余堂"广告

胡庆余堂药材包装

衫的队伍,在水陆码头免费向贫苦市民和路人发放痧药、避瘟散等百姓家庭常备的"太平药",以防疾病,并寄往左宗棠部军队大营以及重灾区。既行慈善之举,又为胡庆余堂做了广告,可谓是当时极为成功的公共关系传播策略。胡庆余堂由此赢得了知名度、美誉度和信任度,每天都门庭若市,产品供不应求,胡雪岩也更坚定了"救赎性命,反哺民生"的决心,这也是创办药局的初衷。据记载,仅创办药局前三年,免费发放的"太平药"一项就耗银十多万两。胡庆余堂开张后,在每年头伏的前一天,都烧煮大量药茶供市民免费饮用。市民奔走相告,结队而来,甚至用水桶来挑。胡庆余堂的药茶虽然是免费的,但是药效并不差,所以形成了口碑传播效应。这种免费烧药茶的传统,胡庆余堂一直延续至今,成为企业文化的一个重要内容。

四、古方、秘方、验方成为镇店之宝,"三种钱不能赚"成为经营信条

创业之初,胡雪岩延请江浙医学名家以宋代皇家药典《太平惠民和剂局方》为基础,重金收集民间古方、秘方、验方,研制成丸、散、膏、丹等482种,包括后来成为中华名药的十全大补丸、全鹿丸、人参再造丸、安宫牛黄丸等,还有冠以"胡氏"之名的秘方数十种(如胡氏秘制益欢散、胡氏秘制镇坎散、胡氏痧气夺命丹、胡氏神效保和丸等),成为镇店之宝。胡庆余堂凭借其杰出贡献,终被世人冠以"江南药王",与北京"同仁堂"分治南北。

胡雪岩的亲身经历使他深深地意识到医药事关人命,故此他在店中写

下"戒欺"二字作为店规，以告诫所有员工须诚信经营。"戒欺"需从经营上和药品质量上两个方面来把握。在经营上，胡雪岩有这样的名言：有三种钱不能赚，一是"烫手"的钱，二是坑害同行、朋友的钱，三是贻害社会的钱。这个理念也成为企业经营信条。在制药上，为确保制药质量，胡庆余堂100多年来始终保持了一个传统，即每一副交到顾客手中的药，必经八道严格的程序，从药材供应商到入库质量监督，再到配方，整个流程环环相扣，体现了百年老字号"采办务真，修制务精"的古训。当初，胡雪岩为确保"局方紫雪丹"的药效，不惜花费黄金133克、白银1835克，制成金铲银锅专制此药，成为百年传世佳话。

铲银锅——"局方紫雪丹"制作工具

（国家一级文物）

五、胡雪岩"三聘经理"成就一段佳话，60年几易其主，中华人民共和国成立后恢复生机

在胡庆余堂的历史中，胡雪岩"三聘经理"的故事，始终是一段佳话。胡雪岩起初并不懂医药，为招揽到合格的药店经理，他在当时上海最有名的报纸《申报》上刊登广告。第一位前来应聘的经理声称自己精于计算，保证在担任经理的两年内赚到10万两银子，被拒聘；第二位应聘的是一位小老板，声称应以稳求胜，先赚小钱，再赚大钱，又被拒聘。胡雪岩听说江苏松江余天成药号的经理兼股东余修初很有魄力，便亲自上门求教。余修初提出办药业者，须以"仁术"为先，不应为蝇头小利而斤斤计较，否则不如去开钱庄、当铺，赚钱更快。胡雪岩听后大喜，当即重金延聘余修初为胡庆余堂第一任经理。"三聘经理"的故事表明了胡雪岩办药店不只是为了赚钱，而是为了实现他"兼济天下"的社会理想。清末湖州一带瘟疫暴发，胡雪岩派人去免费发放药品。店内有职工不解，经理余修初笑道："是乃仁术。"因此，余修初与胡雪岩配合得极为默契。

1883 年，中国金融界发生了一场严重的危机，直接导致了胡庆余堂几易其主，濒临倒闭。1899 年，胡家为抵偿债务，将胡庆余堂抵给皇族文煜。1911 年，胡庆余堂被浙江军政府没收并登报标卖。1937 年 12 月，日本军队进攻上海，胡庆余堂闭门歇业。从 1883 年到 1949 年 5 月杭州解放的 60 多年中，胡庆余堂几易其主，历经浩劫。1950 年，时任胡庆余堂经理的俞绣章代表资方向杭州市上城区人民政府登记，胡庆余堂在政府和国有企业扶持下逐步恢复生机。1961 年，浙江省卫生厅批准胡庆余堂制剂学校成立，胡庆余堂传统中药制剂被列入中药教科书。1988 年，胡庆余堂作为商业古建筑群被国务院命名为全国重点文物保护单位。

六、最后一代掌门冯根生书写新篇章，成就最具活力的百年老字号中药企业

胡庆余堂这一百年老字号的历史到了最后一代掌门人冯根生手里，开始书写了新的篇章。他传承了胡庆余堂制药秘方，更传承了胡庆余堂老字号文化。他提出："做企业要先学会做人，商人要多积善德，学做事要先学会做人。""我们的生意经是很简单的几条：一是戒欺；二是诚信；三是不得以次充良；四是不得以假充真；五是真不二价。"冯根生是这么说的，也是这么做的。1988 年春，江浙沪一带甲肝流行，各地预防和治疗甲肝中成药供不应求，胡庆余堂全力以赴，加班加点生产了 300 万包板蓝根冲剂。当时原材料价格暴涨，光原料就要亏损 15 万元，有人提议每包加价 5 分钱就能填补 15 万的亏空，冯根生没有这么做，仍然坚守着"是乃仁术"古训，为胡庆余堂这一百年老字号品牌增添了新的光彩。

　　在冯根生的带领下,几经周折的胡庆余堂终于走上了正轨。1972年,在胡庆余堂制胶车间的基础上成立了杭州第二中药厂;1981年,建成了现代化的中药制片大楼,购置了先进的制药设备,生产丸、散、膏、丹、片、冲剂、栓、胶囊、口服液等14种剂型,共300多个品种;1992年5月,组建中国最大的现代化中药生产企业——中国(杭州)青春宝集团;1996年,胡庆余堂制药厂加入青春宝集团,成为其全资子公司;1996年,冯根生兼任胡庆余堂法人代表,运用现代化企业管理理念改造百年老字号企业,给胡庆余堂插上了腾飞的翅膀,在传承胡庆余堂文化传统的同时,用现代经营的思路和理念充实老字号品牌的内涵。胡庆余堂整合拓展了中医药的产业链,形成从药材种植、饮片加工、成药生产,到商业零售、医疗门诊以及中医药文化旅游“一条龙”的产业链模式,赋予中医药文化和中医药产业新的内涵,使之在新的市场环境中立于不败之地。

　　2006年,“胡庆余堂中药文化”被列入第一批国家级非物质文化遗产名录,胡庆余堂被商务部认定为第一批中华老字号企业。2007年,胡庆余堂集团公司成立,并全面完成了良好生产规范(GMP)认证。随着企业的发展,胡庆余堂面临着新的机遇和挑战,为了扩大规模,胡庆余堂把生产基地迁往杭州滨江工业园,一座占地近100亩、建筑面积42000多平方米的现代化的新厂区已经拔地而起。胡庆余堂先后获得“中国诚信企业”“浙江省高新技术企业”等荣誉称号,是我国最具活力的百年老字号企业之一。

端午节的另一种文化象征
——记中华老字号五芳斋

导　语

　　粽子是端午节的标志,也是中华民族流传千年的文化符号,积淀了传唱不衰的屈原舍身爱国的情怀。它已经超越了饮食的范畴,演绎为一种历史的记忆和象征。当端午节与粽子结下不解之缘时,似乎着意要把这个中华民族的文化符号镌刻成为五芳斋的品牌印记,把粽子作为一个文化解读的密码,演绎一种历史的文脉。于是,五芳斋演变成端午节的另一种文化象征。

一、端午食粽五芳斋

历史上,端午节是为纪念屈原而设的祭祀日。南朝梁吴均的《续齐谐记》记载了端午投粽纪念屈原的传说:"屈原以五月五日投汨罗水,楚人哀之。至此日,以竹筒子贮米投水以祭之。"因此,端午节承载着中华民族悠远的记忆,也记载着世人对屈原的怀念,人们为了纪念屈原而赛龙舟、挂香袋、吃粽子。唐代文秀《端午》诗云:"节分端午自谁言,万古传闻为屈原。堪笑楚江空渺渺,不能洗得直臣冤。"端午吃粽子已经被烙上了浓厚的中华民族文化的印迹。这种传统文化在中国粽子百年老字号五芳斋的品牌文化中得到了进一步的发扬光大。

粽子最早出现在东汉,两晋时粽子已成为端午节的必备食品,唐代时粽子是人们的日常食品并声名远播东瀛。明清时粽子生产进入鼎盛时期,品种多达几十种,出现了用芦苇包裹的粽子,附加料已采用豆沙、猪肉、松子仁、枣子、核桃等。尤其是江南地区,由于粽子生产原料比较丰富,已成为粽子的生产与销售的聚集地。除了端午节吃粽子外,在平时,粽子也是重要的饮食类别,可作为快餐和点心,与日本的寿司类似。也正由于这种用途,粽子有了长足的发展,弥补了南方地区快餐与点心品种不足之欠缺。

清代著名学者袁枚在《随园食单》中记载了扬州著名的洪府粽子:"洪府制粽,取顶高糯米,捡其完善长白者,去其半颗散碎者,淘之极熟,用大箬叶裹之,中放好火腿一大块,封锅闷煨一日一夜,柴薪不断。食之滑腻温柔,肉与米化。"①当时嘉兴的粽子在国内更是享有盛誉,清代食书《调鼎记》记载了乾隆至清末嘉兴粽子的品类与制作方法:竹叶粽,"取竹叶裹白糯米粽煮之,尖有如生切菱角";艾香粽,"糯米淘净,夹枣、栗、绿豆,以艾叶浸米裹,入锅煮";豆沙粽,"豆沙、糖、油脂丁包小粽煮"……可见南方粽子的生产工艺与

① (清)袁枚.随园食单[M].沈阳:万卷出版公司,2016:205.

品种已经相当成熟和完备了。

二、声名远播大江南北，江南点心引领粽子文化

五芳斋的发源地嘉兴位于江浙沪三地交汇处，是中国历史上最早的稻米生产区，也是吴越文化的发祥地。在历史上，嘉兴是粽子生产的汇集之地，也是江南著名茶点的生产地，代表了江南点心文化。南北点心的差异表现为，北方点心为"官礼茶食"，尤以宫廷点心为最；南方点心则以"嘉湖细点"著称。五芳斋正是在南方这种点心文化的滋养中孕育出来的粽子文化的典型代表：做工精细、口味纯正、品种齐全。

五芳斋的名号最早源于清咸丰年间，原本是苏州一家专营小吃的甜食铺，生意红火，声名远播大江南北，先后在北京、上海开设五芳斋分店。到了民国，随着五芳斋名气越来越大，江浙沪一带出现了许多打着五芳斋招牌的店号，但经营的侧重点有所不同，如上海五芳斋主营糕团点心，嘉兴五芳斋主营粽子，形成了五芳斋品牌竞相斗艳、各自为政的局面。

民国时期的五芳斋

民国十年(1921),一个名叫张锦泉的生意人做的粽子工艺独特、选料讲究、供不应求。他在嘉兴张家弄 6 号开设了粽子专卖店,借势苏州五芳斋的品牌号召力和影响力,也取名五芳斋,并悬挂雄鸡锦旗,以区别于其他五芳斋店号。由于五芳斋的出现,张家弄成为现代中国粽子产业的发源地。很快,五芳斋粽子在嘉兴和周边地区声名鹊起,备受欢迎。张锦泉的五芳斋粽子的红火,带动了嘉兴粽子生产经营的竞争,另有两家粽子店在五芳斋的隔壁开张,形成了鼎足而立的态势。一时间,三家粽子店各显神通,相互间激烈竞争,推动了嘉兴粽子生产经营水平的提升,品种不断增加,工艺不断改进,质量不断完善,这些都为粽子的产业化经营奠定了良好的基础。

五芳斋老照片

五芳斋为了提高产品竞争力,在制作工艺上进行了大胆的改进和创新。传统的粽子形状以三角形为主,为了容纳更多的馅料,张锦泉把粽子由三角粽、枕头粽演变为四角粽;选料必选后腿精肉、"大红袍"赤豆和黄山粽箬;烧煮必以杉木锅,用桑木柴烧三个半小时。因此,五芳斋的粽子味道绝佳、细腻滑糯、鲜浓无比、香味四溢,知名度与美誉度大大提升,在激烈的市场竞争中独树一帜。经过多年的用心经营,五芳斋以其丰富的品种、独特的口味、良好的口碑独领风骚,形成了"糯而不糊,肥而不腻,香糯可口,咸甜适中"的特色,驰名大江南北,无可争议地成为中国"粽子大王",由江南销往全国各地,成为老百姓争相购买的佳品。

粽子品质主要表现在馅料和品种上。五芳斋对粽子的品质管理紧紧抓住这两个核心环节,不断改进和创新。在馅料上,五芳斋把肉粽馅料中的猪肉,由原来一肥一瘦两块,增加到两瘦一肥三块,这一改进虽然令成本增加了不少,但是品质和口感都提高了很多;在品种上,五芳斋不断创新,先后开发了鲜肉粽、火腿粽、蛋黄鲜肉粽、栗子粽、豆沙粽、八宝粽等,可谓是琳琅满目,令人眼花缭乱,让粽子这一江南民间点心生发出具有丰富底蕴和内涵的粽子文化。

民国期间《禾报》上刊登的五芳斋广告

张锦泉从五芳斋粽子创办之日起,就确定了"诚、精、恒、学"的经营理念,诚勉员工诚信待客、精益求精、持之以恒、学无止境,请人将四字经营理念写好后挂在店堂上,让所有员工时刻牢记企业信条。有一次,张锦泉在店门口听到一位老顾客说:"你们五芳斋的粽子怎么没有以前好吃了?"张锦泉对这位顾客说:"过几天请你再来吃五芳斋粽子,保证让你感到跟过去一样好吃。"顾客走后,张锦泉仔细查找原因,发现有几个员工为了赶进度,没有把料拌匀,影响了粽子的口感。几天后,那位顾客又到了五芳斋,张锦泉请他品尝了粽子,顾客连连说:"这个味道就对了,跟以前的一样好吃!"通过这件事,张锦泉深刻地意识到,五芳斋粽子要想品牌不倒,要想留住顾客,必须严把质量关,把粽子的生产工艺做精做细。

三、借改革春风获新生,打造中国粽子生产经营航母

中华人民共和国成立前夕,由于多年战乱,仅存的 3 家五芳斋粽子店生意萧条,只有员工 19 人,勉强维持生产。1956 年公私合营改造后,几家粽子店并入五芳斋,总资产为 1047 元。在三年困难时期,五芳斋一度面临停业倒闭。为了渡过难关,五芳斋在嘉兴火车站开设粽子工厂,现做现卖。这种经营方式吸引了南来北往的旅客,不但使粽子销量大增,而且起到了独特的广告效果,企业由此起死回生。五芳斋百年老字号在这样的困境中默默等待着新的机遇,等待着奇迹发生。

天将降大任于斯人也。改革开放的春风,使五芳斋获得了新的生机。1981 年,五芳斋迁入新厂区,规模有所扩大。1985 年后,为扶持百年老字号的品牌发展,保护老字号品牌文脉的传承,由原国家经济贸易委员会提供 53 万元贴息贷款,企业自筹 5 万元资金对五芳斋进行了全面的升级改造,先后采用日本激光选米、热网蒸汽烧煮、高温高压灭菌、速冻隧道等先进技术和设备,使五芳斋的生产工艺和产品质量遥遥领先于全国同行。

由于产量、质量大幅提高,五芳斋开始重新跨出江南,走向全国。1986 年,五芳斋粽子产量达 310 万只,比 1985 年增长 100 万只,此后以每年增长 100 万只的速度快速发展。粽子的品种由过去的七八个品种增加到 40 多个品种。1988 年,五芳斋获得首届中国食品博览会金奖,标志着其已成为同行业的翘楚。1993 年,被国内贸易部认定为"中华老字号"。1994 年,在嘉兴市政府的支持下,五芳斋投资数千万元易地建造了粽子厂,成为全国首家粽子专业生产厂家,粽子年产量跃升到千万只。之后又超越了年产量 1 亿只的大关,五芳斋真正成为中国粽子生产经营的航空母舰。

20 世纪 80 年代的五芳斋

四、顺应品牌内涵新要求，老字号支撑转型升级

产量和质量的提升推动了企业规模的扩张，也对五芳斋这一百年老字号品牌的内涵提出了新的要求。如何使老字号品牌适应现代企业发展和市场竞争的要求，是五芳斋始终在思考的问题。五芳斋领导层意识到，产量、质量、品牌、规模、资本、技术、机制必须在现代企业制度下实现新的整合，才能使老字号品牌获得新的活力和新的发展空间。于是，五芳斋一方面坚持传承老字号产品的传统工艺，保留手工制作方式，如调料配制仍采用家传秘方，保证百年经典风味不变，并着手研发新品种和改进新配方，同时按照现代企业的生产方式，积极制定粽子的生产工艺标准，实行标准化管理。另一方面，以现代企业制度建设为契机，五芳斋于 1992 年组建了嘉兴五芳斋粽子公司。1998 年 3 月 28 日，在国有企业改制的浪潮中，浙江五芳斋实业股份有限公司在原嘉兴饮食服务公司、嘉兴五芳斋粽子公司的基础上整体改组成立，实现了国有老企业的机制转换，建构了现代企业制度的框架。2004 年 12 月，以产业链拓展整合为目的，浙江五芳斋集团成立，企业由单一的食品生产经营发展到以食品、农副产品加工与销售为核心，兼具产品研发、生产销售、管理服务等综合功能的民营企业集团，为五芳斋品牌的进一步拓展打造了一个集团化运作的平台。

2005年年初,按照HACCP认证(危害分析和关键控制点)和食品生产卫生规范(GMP)标准设计,总投资1.38亿元的五芳斋产业园项目竣工投产,达到了年产3亿只粽子和3000吨系列食品的生产能力,一举成为全国规模最大、科技含量最高、生产工艺最先进的粽子生产基地。同时,与浙江工商大学合作成立了五芳斋食品研究所和博士生研究实践基地,在米食品的科研与应用方面走在了全国前列。

在完成技术改造和规模扩张后,五芳斋实施了以老字号品牌为支撑进行现代企业转型升级的新战略。以营销渠道为突破口,五芳斋相继在上海、杭州、宁波、温州、南京等地成立了五芳斋销售分公司,建构起以长三角核心城市为主体的全国营销网络,并拓展了加拿大、澳大利亚、南非等国际市场,实现了年销售额达几十亿元的业绩。2006年端午节期间,五芳斋创下了一天卖出200多万只粽子的销售奇迹,令人叹为观止。

五、荣膺国家重点龙头企业,牢固筑起食品安全防火墙

以产业链拓展和保障食品安全质量为抓手,五芳斋建立了原料种植和养殖基地,形成了全新的产业链模式和食品原料供应安全保障体系。在浙江、安徽、江苏、黑龙江等地,建立了15万亩的原料生产基地;在江西省宜春市靖安县开发培育了百万亩天然箬叶生产基地;在嘉兴建立了无公害商品猪养殖基地。这些基地的建立,确保了所有原料供应按高标准的工艺生产,为五芳斋确保产品质量提供了坚实的保障,也带动了原料生产地农民致富,构建了以企业带农户的产业链模式,践行了五芳斋更高的品牌使命和企业责任。基于五芳斋为解决"三农"问题做出的突出贡献,2005年农业部等八部委授予五芳斋"农业产业化国家重点龙头企业"的称号。

五芳斋的这一产业链模式也是质量管理模式,实现了从原料生产到产品生产质量的全面监控和管理,在我国食品安全面临诸多问题的背景下,牢固筑起了一道不可逾越的食品安全的防火墙,为国内的食品安全生产经营管理体系建设提供了宝贵的经验。为了推动整个行业的食品安全管理,五芳斋还向竞争对手提供自己出产的高品质的粽子原料,表现了一个百年老字号品牌的博大胸襟。2004年,五芳斋获得"中国驰名商标"称号,并参与起

草了粽子行业标准。2006 年 3 月,五芳斋集团通过了 HACCP 认证和 ISO9000 体系整合认证。

位于浙江嘉兴市中心的五芳斋大厦

五芳斋以老字号资源为依托进行了市场、品牌和资本运营,延伸产业链,开拓新的业务领域,提高了老字号品牌的附加值和品牌盈利能力。2004年,在长三角高速公路服务区,五芳斋开设了 60 多家中式快餐连锁店,发展了 200 多家终端销售连锁店,拓展了一个全新的市场,形成了品牌与产品高度联动的价值链。依托五芳斋农业发展公司,企业还开发了五芳斋洁净米、五芳斋无公害猪肉等农副产品,在扩大了企业利润来源的同时,也把五芳斋品牌的社会效益和经济效益做到了最大化和最优化,使五芳斋这一百年老字号品牌获得了新的生机。五芳斋还采用了贴牌生产(OEM)的现代化经营方式,委托信誉卓著和管理可靠的企业生产五芳斋产品,实现了低风险、低成本的扩张。

中华老字号品牌已经成为我国重要的非物质文化遗产和宝贵的经营资源,但由于品牌保护意识淡薄,中华老字号时常被境外机构抢注,造成了开拓海外市场的被动。为有效保护五芳斋老字号品牌资源,五芳斋先后在美国、日本、澳大利亚、欧盟等 25 个国家和地区注册了五芳斋商标。

五芳斋这一系列令人眼花缭乱的组合拳,在中国老字号品牌经营中激起了轩然大波,树立了榜样,也为老字号品牌的创新与发展提供了一个不可多得的成功样本。

珍视传统,追求创新
——日本老字号龟甲万的品牌故事(一)

导　语

> 龟甲万的文化和历史带给人们的心灵震撼,毫无疑问地增强了它的品牌文化魅力。从传统酱油酿造到如今成为同时经营药剂、医学诊断和食品处理工业等生化领域的全球产业巨头,龟甲万的成功奥秘在于对科技与创新的孜孜不倦的探索和追求。龟甲万对传统文化的珍视和对科技与创新的追求,为我们探索中华老字号在新时代的生存发展之道提供了极佳的案例参考。

当中华老字号的历史建筑或营业网点遭遇房地产开发或旧城改造,人们为让其免于拆除或拆迁而奔走呼吁之时,当中老字号大面积破败、老化、苦苦挣扎在生死线上乃至无奈消亡之时,当我们蓦然回首,发现民族文化印记几近消失时,有这样一个日本公司,在一个传统得不能再传统的领域创造了世界企业史上令人惊叹和肃然起敬的奇迹。它就是有着近 400 年历史的"龟甲万"。它走过了什么样的历程? 它有着什么样的秘密呢?

一、龟甲万的由来

酱油是中国菜、日本料理甚至所有东方食物的重要佐料。日本料理绝对少不了它。事实上,日本料理几乎可以说是以酱油为中心发展起来的。龟甲万是全世界最好的酱油。

　　"龟甲万"这个名字由三个日本汉字名所组成,其中,"甲"是指甲级,而"万"是取其长长久久之意。在日文里,"龟甲"又有六角形或六个边的意思。日本人以龟为长寿与幸运的象征,仔细看龟甲万的识别符号,你会发现它其实就是一个六边形的龟壳图案,壳上写了一个"万"字。因此,"龟甲万"这个名称从字面上可以解释为"由历史悠久的一流公司制造的甲级产品"。

　　这是一家有近 400 年历史的日本家族企业,其年收入高达 20 亿美元(约合人民币 132 亿元),是全球第一的日本食品佐料制造商兼供应商。值得一提的是,在向来以男性为主导的日本商界,龟甲万这样一家历史悠久的企业,是由女性所创立。1615 年 6 月,德川家康的军队攻破丰臣秀赖的大阪城,并大肆捕杀丰臣秀赖的追随者。一位叫真木茂的女子,在她丈夫自杀之后,带着她的小儿子兵三郎装扮成农家人的模样,逃出陷入一片血海与混乱的大阪城,开始长达 15 年的逃亡生活。1630 年,真木茂和兵三郎在江户(今东京)北边约 50 千米外的小农村——野田定居下来。这 15 年间,为了躲避追杀,她改姓"茂木",不断学习酿造酱油的技术,并以睿智的头脑发明了一套精密的酱油酿造工艺。

　　就这样,从大阪城的战火中起家,龟甲万开始了几百年的经营历程,在延续至今的历史中,公司始终在创建人的子孙手中茁壮成长。像这样的血缘牵连,试问世界上有多少企业能够维持? 创始人真木茂勤劳、智慧、坚忍不拔且足智多谋的性格特征在这个家族企业历代的管理者身上得到继承和体现,这真是一个神奇的家族。

二、对传统文化前瞻性的珍视与保护

　　龟甲万对传统文化前瞻性的珍视与保护,给它的故乡城市——野田留下了诸多弥足珍贵的文化资产。比如,龟甲万出资兴建了好几处神社和寺庙;龟甲万在 1926 年兴建完成的居民休闲娱乐中心——兴风会馆,已经被指名为当代国家文化资产;龟甲万还将另一处同样被指名为国家文化资产的茂木佐平治祖屋,捐赠给了野田市政府。另外,龟甲万出资兴建了酱油博物馆,博物馆内收藏了可能是全世界最完整的酱油生产相关物品及史料。

　　这些文化资产已经足够令人感叹一座城市的历史悠远和一个公司的伟

大,但是极其珍视历史和传统的龟甲万还将让人们更为心悦诚服:一个为日本皇室酿造酱油、凝固历史场景的活体博物馆——御用藏。御用藏于1939年兴建完成,坐落在江户河沿岸,它是一系列雪白的复合式建筑,整座建筑的设计风格是仿造江户时代的城堡,宛如皇家行宫,有着非常浓厚的历史感。

龟甲万酱油

在御用藏内部是一个酱油作坊:红砖砌成的小麦烘炒设备;小型的米曲霉培养瓦房;木制压榨机;10个暗橙色香杉大桶,用以存放醪湿豆泥,好让它发酵一整年;特殊棉袋,用来装填酱油糊,以便压榨出红褐色酱油。在这里,龟甲万几百年传承下来的传统酱油酿造技术,被真正付诸应用:以相同的工具、设备和方法,酱油在需要大量时间与细心照料的老方法下被酿造出来。和以往龟甲万为幕府将军所特制的酱油一样,整个酿造过程都在"杜氏"(即酿造师)的监督之下进行。"杜氏"和其他制酱油技士一样,都穿着18世纪的传统服装。"麦煎"(小麦烘炒师父)、"壶屋"(看壶师父)、"室前"(米曲霉培养师父)和"醪权"(醪糊搅拌师父)在粉刷成亮橙色的木屋里,各司其职地辛勤工作时,"杜氏"就负责监工。御用藏每年生产50升的酱油,其中一部分便供应日本皇室。

三、生物科技——龟甲万永远保持领先

龟甲万的经营历史,世界上少有公司足堪比拟。生产的是传统的产品,又有那样的家族背景,龟甲万很容易会被归类为走不出传统的守旧派企业。然而,龟甲万却是新与旧的完美结合体。

龟甲万早在20世纪初便积极推进现代化,有计划地引进新式制造和发酵方法,买进水压压榨机、输送带、升降机、锅炉和锅桶等设备,以机器取代

劳工。再加上生物科技的进步,龟甲万酱油的发酵过程进一步加快。

龟甲万的纯酿造酱油是由大豆、小麦和盐这三种主要原料混合,经过一段发酵过程酿造而成,其实是一个蛋白质转化成氨基酸的过程。原先这样的生产过程需要至少一年的时间,如今随着龟甲万的酱油酿造技术人员对酿造天然酱油不可或缺的微生物愈来愈熟悉,酱油的酿造时间已经缩短至几个月。

在龟甲万看来,酱油是人类历史上最古老的生物科技产品之一。以公司的生物科技为根本开发新产品,已经成为龟甲万坚定不移的战略方向,龟甲万将 2/3 的研发经费投在生物科技上,凭借几个世纪以来持续使用的传统发酵技术和专业知识,包括对霉菌和微生物的充分了解,自 1977 年申请第一项生物科技的专利以来,至今已经研发出药剂、医学诊断和食品处理工业等范畴的 250 多种产品。如今,龟甲万的整个产品线也已涵盖工业、药剂、医学诊断用的霉菌和微生物等领域。这样的策略显然非常有前瞻性,龟甲万在生物科技方面的收益比酱油和其他传统产品都要高。

龟甲万正朝着利用基因接合、细胞融合或其他的科学技术制造出新产品,使其核心产品能永续经营的方向迈进。如今的龟甲万早已成为公认的杂交植物和基因工程研发的先锋,并在新的诊断药学、微生物查验、菌制造科技、细胞重组基因工程和细胞融合科技领域持续钻研。

四、龟甲万给中华老字号的启示

每一家中华老字号都有数十年甚至数百年的发展史,一些有据可查的古老店铺,距今已有四五百年的历史。这些老字号栉沐了数百年历史的风风雨雨,代代相传,反映了各时代的社会生产面貌,是市民生活的代表性实物。这些老字号所创造的文化,有着古老的历史渊薮和深远的文化内蕴。中华老字号产品继承了丰富的历史经验,凝结了历代经营者的智慧和汗水,经受住了市场一次又一次的检验。

然而近些年来,大多数老字号的经营和生产条件变得非常恶劣,出现了大面积的生存恶化倾向。老字号往往具有"前店后厂"和"工商兼营"等特色,但是由于历史上所遭遇的动荡与变迁,其经营和生产的发展空间日趋缩小，操作场地日趋狭窄，房屋质量日趋恶劣，经营设施日趋陈旧。一些老字号甚至被迫转产或靠租赁房屋度日，而老字号品牌就此销声匿迹，令传统文化资产流失。另外，随着经营环境的改变及传统工艺的失传，一些老字号在洋快餐、洋品牌的大举进攻下，逐渐淡化了自身特色，有的甚至已经名不副实。一些老字号把保住经营特色与增加经济效益对立起来，改变了原有企业性质，经营起与本店特色毫不相关的商品，失去了维系百年的历史文脉。更痛心的是，有的老字号更换了传承数代的店名，改称"商厦"或"购物中心"。

老字号是中国传统商业文化的象征，是民族风情的载体，是珍贵的文化遗产。一方面，改善老字号生产经营条件应该引起相关部门的重视，避免诸如房地产开发、城区改造等对老字号的生产经营场所及其历史建筑的粗暴破坏。另一方面，探索新时代的生存发展之道是每一个老字号都必须深入思考的问题。

像龟甲万这样身处传统行业却能够历经几百年并且成为全球业界翘楚的公司，实在举世罕见。中华文化源远流长，但是试问和龟甲万一样拥有悠久历史和高经营水准的企业有几家？在惊叹龟甲万创造今日之辉煌的同时，我们更应该去思考和学习它的伟大之处。

第一，龟甲万是如此珍视自己的传统与文化。在野田，不仅有龟甲万现代化的生产基地，还有龟甲万精心保护和传播，体现其公司和家族悠久历史、体现浓郁日本民俗文化风情，古老而传统的酱油生产工艺以及各类珍贵器物，以至于人们在参观它的酱油博物馆和御用藏的时候几乎是带着一种朝圣的心态。这是文化和历史带给人们的心灵震撼，毫无疑问地增稠了龟甲万的品牌文化与魅力。

中国老字号历经百年变迁，在它们身上都有深厚的历史积淀，是传统文化和生活方式的实物性体现，如何保存、展示这种历史，龟甲万给我们上了很好的一课。中华老字号要善于挖掘、整理、保护自己的历史遗产，包括古朴的传统建筑、生产器具、作坊、流程、工艺、图片、包装等。像龟甲万一样，在人们购买、使用老字号优质产品的时候，给人们提供美好的文化体验。

第二，龟甲万对科技与创新孜孜不倦的探索和追求。在中国和日本，酱油酿造都是一个非常传统和普及的行业。如果说历史上的龟甲万酿造传统酱油依赖的是基于经验积累的古老的生物技术,那么,如今它成为同时经营药剂、医学诊断和食品处理工业等生物科技领域的全球产业巨头,其中的奥秘就在于对科技与创新的孜孜不倦的探索和追求。

多元化经营,国际化视野
——日本老字号龟甲万的品牌故事(二)

导　语

　　产品多元化与国际化战略是公司成长的两种重要模式。龟甲万多元化的发展历程,在日本食品界可以说是独一无二的,龟甲万也是日本企业中少数有能力将日本特有产品行销至全球各大市场的公司。龟甲万的多元化与国际化策略为中华老字号企业树立了典范。

龟甲万延续至今的公司历史,就像一个精彩的故事,叙述日本最传统的企业如何结合现代科技与古老技艺,从人类最古老的佐料之一——酱油出发,进行研究、创新,衍生出 2000 多种令人印象深刻的相关产品,并推广至全球 100 多个国家。

如果说龟甲万创建的前 3 个世纪,呈现的是小型家族企业如何走过封建时代与工业革命,成长为大型日商公司的蜕变过程,那么第二次世界大战结束后至今,可以说是龟甲万的辉煌时代。

一、多元化经营

第二次世界大战结束之后,日本人的饮食习惯和生活形态开始变得愈来愈国际化。派驻日本的美国大兵为日本人引进了新式食物,日本人突然间吃起了红肉、面包和乳类制品等酱油无用武之地的食物;日本社会 50% 左右的已婚妇女外出工作,有时间准备以酱油为主要佐料的传统日本料理的人越来越少;另外,现代化的厨房以及冰箱的普及,使日本以酱油作为防腐剂和调味料的传统食物保存方式被逐渐抛弃。这些原因都使得日本酱油市场的消费量逐渐下滑。

在1960年,龟甲万的领导层便已经清楚地了解到其主要产品——酱油,在国内市场已无扩展的空间。企业要想永续经营,新市场的寻找与开发势在必行。既然无法扭转消费者的饮食习惯,那就研发新产品去适应市场。公司要想存活,除了使最传统的产品(酱油)在美国、欧洲和亚洲其他新开发的国际市场上提升销售量外,还必须研发新产品以占有本土市场。所以,龟甲万制定了一套多元化与国际化并举的积极策略。

(一)进军葡萄酒市场

1962年,龟甲万成立了一家完全自主的子公司——胜沼洋酒株式会社。凭借进口自德、法两国的设备,以在法国以外地区栽植的顶级葡萄为原料,胜沼洋酒几年内便出产了日本第一批本土酿造的西方佳酿。龟甲万迅速而准确地察觉到了日本人生活方式转向西式的趋势,利用几个世纪传承下来的生物科技与发酵知识,首度在日本酿造出西式葡萄酒。20世纪60年代晚期,龟甲万靠着一对一的传统直销方式,将日本原本完全不存在的家庭葡萄酒市场,从零推广到将近20%的消费量。在接下来的1973—1993年,龟甲万将日本的葡萄酒消费量提升了7倍之多。

(二)推出番茄制品

1963年,龟甲万接着成立另一家子公司——Kikko食品公司,继续朝多元化的方向发展。该公司的主要业务是为日本市场运送并批发国外各种名牌产品。龟甲万经过调查发现,日本饮食习惯的改变并不单纯只是战后的一时狂热,日本消费者确实对某些西方食物有偏好,以番茄调理的食物就是其中一例。因此,龟甲万决定利用酱油的销售渠道,销售番茄汁和番茄酱之类的产品。

很快,龟甲万与美国Del Monte公司签订合约,被授权在日本市场生产Del Monte公司的番茄汁和番茄酱。龟甲万与Del Monte公司的合作获得空前成功,Del Monte公司以其深受好评的蔬菜罐头在日本市场打下一片天地。龟甲万以酱油的行销流通网在日本市场推广Del Monte公司的产品,

10 年间便已经拥有番茄制品 30％的市场占有率,并使日本市场人均番茄汁消费量高出美国 3 倍之多。

1990 年,龟甲万与 Del Monte 公司签订永久合约。除了销售番茄汁、番茄酱这类番茄制品之外,龟甲万取得了 Del Monte 公司的商品在日本、大洋洲及亚洲地区(菲律宾除外)的永久代理权,拥有在这些地区生产、包装并销售 Del Monte 公司产品的专有权。之后不久,Kikko 食品公司正式更名为"日本 Del Monte 公司"。

现在,番茄汁和番茄酱依旧是日本 Del Monte 公司最畅销的产品,日本 Del Monte 公司同时开发一系列高价位的产品,产品种类包括法式洋葱玉米浓汤、果酱、蔬菜罐头和各式番茄制品。1997 年年初,日本 Del Monte 公司开始生产一种专为日本市场设计的新开发肉酱——"烧肉酱汁"。另外,日本 Del Monte 公司开发了好几种中国口味的蒜酱、辣酱、蛤酱、新式鸡蓉玉米浓汤等。

其实早在 20 世纪 50 年代,龟甲万已经开始朝多元化的方向发展,不再只生产酱油。在 1949 年,龟甲万总共生产了 7 种不同商标的产品,到 1983 年则有 2500 多种。龟甲万还酿造了 20 种不同的酱油,其中包括在野田用特殊设备专门酿造以供日本皇室食用的酱油。

如今,龟甲万一半左右的年收益来自各式各样的产品,包括各式国产优良葡萄酒、水果和蔬菜汁,以及传统的日本烧酒。龟甲万广泛投资不同产业,从经营药厂到经营餐馆,甚至从事基因工程研究等。龟甲万还研制出食物处理机和 20 多种生化科技产品,包含医学临床和工业用的酵素和基质,以及以基因工程育种的水果和蔬菜。除此之外,龟甲万还在日本经营一家连锁健康俱乐部,并在欧洲和日本开设了好几家餐厅,专门促销酱油和葡萄酒。

有些人或许认为,有几个世纪之久的传统日本公司,恐怕不会花太多心力在研发新产品和开拓新市场上。但对于 1945 年后的龟甲万来说,本质上的改变或许比前 300 年大得多。现在,龟甲万还是照样生产高品质酱油,但酱油在龟甲万年收益中的占比已经不到一半了。龟甲万的传统包袱或许重,但其并没有为传统所拖累。

二、国际化的视野

　　龟甲万并非日本前 100 强企业,但却是日本企业中国际化推行最好的公司之一。龟甲万在美国等 100 多个对酱油毫无所知的国家中开辟新市场的历程,被日本商界视为奇迹。它更进一步的市场拓展行为,则令后进的日本公司自叹不如。

　　早在日本敞开国门,开始与外界接触之初,龟甲万就已经准备妥当,将日本最传统的产品之一——酱油,推广到国际上。1868 年,第一桶龟甲万酱油被运往夏威夷和加利福尼亚州,供应当地的日本移民。1872 年,龟甲万的酱油进入阿姆斯特丹世界博览会;隔年则在澳洲世界博览会参展,并且获得优质产品的推荐证书。1879 年和 1886 年,龟甲万的商标相继在美国加州福尼亚州和德国注册。1906 年,龟甲万在美国各州的商标注册工作全部完成。1957 年,龟甲万在旧金山成立分公司,从此成为在美国主流市场成功引进陌生商品(日本酱油)的典范。

　　大多数在海外市场经营中获得成功的日本公司,所销售的产品都是源自西方,例如汽车、家电等。本田、松下等日商公司的产品依托的是欧美的科技研发,因而其只是当地人熟知、根源于西方、完全适合西方市场的产品。但是龟甲万却是日本企业中少数有能力将日本特有产品行销至全球各大市场的公司。酱油根源于几百年来在日本不断演变的酿造技术,是具有独特日本风味的产品。在第二次世界大战结束后,龟甲万正式将日本纯酿造酱油引进美国时,对美国消费者来说,这是一种全然陌生的产品。当 1973 年(丰田在美国第一条组装生产线的正式运转要迟 10 多年)龟甲万在美国的威斯康星州瓦尔渥斯设立西方世界最大的酱油工厂时,除日本本国以外几乎没几个人知道龟甲万是日本历史最悠久的大型制造企业之一。而此举大幅提升了西方的酱油消费量,仅仅在美国,在设厂之后约 20 年里,龟甲万的酱油销量就增长了 10 倍,欧洲的需求量也有显著增加。

　　除了将酱油销售到美国之外,龟甲万还专门研发新产品,以适应美国人的口味。譬如,龟甲万将照烧酱引进美国市场,之后又推出照烧烤肉酱以及加了蜂蜜和凤梨的照烧烤肉酱,这些在日本都是没有的。另外,龟甲万还推出盐度只有一般酱油 60％的低钠酱油。

在美国工厂开始生产的同时，龟甲万迈出了进军欧洲的步伐。20 世纪 70 年代初期，龟甲万在德国设立了 6 家日本铁板烧连锁牛排屋。将消费者带入餐厅，让他们品尝用照烧酱、寿喜烧卤汁、甜不辣混料、热炒酱、照烧烤肉酱和甜酸酱等佐料烹调而成的新奇且地道的日本料理，是龟甲万在欧洲市场的主要营销策略。龟甲万设立于杜塞尔道夫的两个子公司——龟甲万大都会有限公司、龟甲万欧洲贸易有限公司成功地将酱油和传统日本料理介绍给成千上万的欧洲消费者。

1996 年 4 月，龟甲万在欧洲的第一家工厂正式破土动工。源起于中国周朝，而后在 6 世纪左右传入日本，15—16 世纪形成目前形态的古老调味品——酱油，于 1997 年的秋天在龟甲万的荷兰工厂开始生产。如今龟甲万的产品在全球 100 多个国家都有销售，生产工厂仅在日本就有 12 家，在美国、新加坡、中国、荷兰等都有生产基地。

对于任何想投资海外，期望为当地市场接受的公司来说，龟甲万都不啻为一个模范。事实上，龟甲万每次在投入海外市场之前，都会有一段过程非常缓慢的、审慎的前置处理作业，其几乎可比拟为酿造酱油所必经的发酵过程：时间虽然长一点，但是最后生产的产品能拥有更好的品质。

当年力主在美国设厂的茂木友三郎先生，现在已是龟甲万的总裁，他被视为与索尼的盛田昭夫以及富士影印的小林阳太郎齐名的日本商界在国际舞台上最活跃的代表。事实上，日本企业中号称跨国公司的，有很多国际化程度非常低，而茂木友三郎和龟甲万却真正具备了国际化的商业眼光。

三、龟甲万的多元化与国际化战略给中华老字号的启示

产品的多元化与国际化战略是公司成长的两种重要模式。在第二次世界大战之后的美国和 20 世纪 60 年代至 70 年代的西方其他国家，不少企业通过兼并的方式实现了产品多元化，这一战略也的确给公司的成长带来了好处。公司可以通过产品多元化实现范围经济，提高资源的使用效率。与此同时，在全球化背景下，国际化是很多西方企业进行规模扩张的重要手段。实施国际化战略的企业可以在更大的市场上寻找新的潜在机会。

不过,公司是实施产品多元化还是国际化,抑或是多元化与国际化并举,最终取决于高管的偏好、行业特点以及投资机会。龟甲万的高层管理者在诸多方面都表现出胜人一筹的卓越胆识和能力。

中华老字号是中国优秀的民族品牌资源,凝结着我们民族的工艺瑰宝和商业智慧,是中华文化传播者和中华文明的象征。推动一部分中华老字号基于创新理念,实现经营多元化,并走向国际化,是我们全民族的期望。龟甲万为我们树立了榜样。

质量为本,锐意进取

——日本老字号龟甲万的品牌故事(三)

导　语

　　龟甲万基业长青的根本在于其拥有竞争对手无法复制的品质与独一无二的酿造工艺。就营销策略来看,龟甲万的创意、革新举措和野心,都值得称道。追求卓越的质量和创新大胆的营销策略正是龟甲万给普遍境况不佳的中华老字号最好的提醒和示范。

微软董事长比尔·盖茨有句名言:“微软离破产永远只有 18 个月。”确实,大部分企业的生命周期都比较短,荷兰皇家壳牌集团的一项研究显示,跨国公司的平均生命周期为 40~50 年,在欧洲和日本,公司的平均生命周期为 12.5 年,而中国公司则更短,为 3~5 年。大多数企业总是躲不过昙花一现的命运。

是什么使那些超级长寿公司战胜了时间?哈佛商学院的教授大卫·丹尼尔(David Daniel)认为,这些企业都具备两个条件:一是顺利完成了一代又一代的企业领导交替;二是能够跟上时代,在坚持传统的同时,又让自己的产品和管理都不至于落伍。

龟甲万生产的酱油对于中国和日本来说都是最传统也最基本的产品。

但是,它已经生存了近 400 年,从东京北郊野田的一个家庭作坊开始,经历了多次经济危机、战争,到今天成为拥有 2000 多种酱油相关产品、远销全球 100 多个国家、年收入高达 20 亿美元的超级跨国公司。那么,龟甲万是如何在坚持自己传统的同时,创造现代营销史的神话的呢?

一、竞争对手无法复制的品质与独一无二的酿造工艺

龟甲万酿造的酱油为业界翘楚,它拥有竞争对手无法复制的品质,以及独一无二的酿造工艺。龟甲万酱油以 17 世纪流传下来的古法,经过好几个月的时间酿造而成。这样的产品自然不是只花几小时就可完成的化学合成酱油比得上的。非纯酿造的酱油呈现不透明的暗棕色,还带着特别的咸味,是由加水分解的植物性蛋白质混合食盐水、玉米糖浆和人造色素而产生的色泽和味道。之后将混合物精炼,就可以装瓶了。有时在大豆中加入一些低浓度的盐酸和耐盐的酵母,然后让混合物发酵几天,可以改善化学合成酱油的呛人咸味。

不管是哪种情况,化学合成酱油通常只需几天时间就可以完成,比纯酿造酱油要快许多,成本也节省许多。因此,很多酱油公司生产的酱油都是通过化学合成,比如我国目前年产酱油大约 500 万吨,其中真正的酿造酱油只有 10%,其余 90% 是合成酱油。

天然发酵酿造而成的酱油可说是人类最古老的生化科技产品,而合成酱油有一种明显的化学味道和呛鼻的咸味,在风味和香气上,根本不能和纯酿造酱油相提并论。即便同样是天然酿造的酱油,中国的发酵时间大概只有 30 天,所以酿造出的产品就没有或只有微量的酒精含量。龟甲万酱油的发酵时间要 6 个月左右,所酿造出的酱油拥有更丰富独特的风味与香气,酒精含量为 2%。

龟甲万酿造酱油必须经过以下四个步骤。

第一步:制曲。

对于传统的发酵或酿造品来说,曲是相当重要的原料。要制曲,首先要以筛网挑选品质精良的大豆和小麦,必须先将大豆和小麦放在特制的煮锅中,高压稍煮,大豆与小麦的比例为 55∶45,混合后加入龟甲万培育的曲菌

（专利所有）。混合后进入曲室，不断调整温湿度与通风条件，并严密控制温度，约 3 天后曲菌生长繁育。在这个步骤里，这种专利所有的曲菌会在小麦和大豆混合物中发生效应，形成两种重要的酵素。一种酵素会将蛋白质分解为氨基酸，使酱油尝起来有好的风味；另一种酵素会把淀粉转化为糖，使酱油产生淡淡的甜味。

第二步：制醪。

在加工好的酱曲中加入盐水，放入铜制发酵罐中发酵成熟，即为稀醪，发酵时间需 6 个月左右。这个步骤可以说是整个酱油酿造过程中最重要的一环。在这个过程中，形成酱油饱满而清澈的色泽，同时由于一种特殊酵母菌的繁衍，一部分糖转化为酒精和酸，酒精和酸两相融合，产生浓醇的香气。

第三步：压榨。

将成熟后的酱醪用压榨机进行压榨，酱汁透过一层层特制的过滤布与豆泥分离，豆泥渣则留在了滤布上，并由刮板自动刮下。滤布经自动清洗后又回转使用，使整个压榨工艺连续进行。因此压榨机较高大，相当于三层楼房。

第四步：灌装。

压榨出的是生酱油，在灌装前还需再经过精炼——分离油脂和残渣、热处理或巴斯特高温杀菌处理，最后利用特殊滤槽再次过滤，至此便可以装瓶了。

二、锐意进取的市场策略

早在 1838 年，龟甲万就做了一项明智的决策，以茂木家族最早使用的品牌名称"龟甲万"，向幕府将军申请官方商标许可并获得批准。在营销顾问还未出现前，茂木家族就已知道利用强势的广告策略，引起消费者对品牌的认同感与忠诚度，让龟甲万独特的六角形商标在日本各地普遍受到肯定。在同一时期，茂木家出资赞助职业相扑选手，并且印制饰有精致龟甲万商标的纸灯笼和纸伞，广为分发。公司甚至还在巴黎订制了华丽的金色标签，让龟甲万的酱油桶能够比其他竞争和模仿对手更为抢眼。

锐意进取的龟甲万老早就清楚地认识到，光是酿造高品质的酱油无法强化日本人对于品牌的认同,所以公司必定要有所作为才行。尤其是第二次世界大战之后,由于日本饮食习惯的西化,对酱油的需求随之下降,于是龟甲万积极采取创新的策略开拓国内外市场。

(一)提振本土市场逐渐下滑的酱油需求量

由于日本人饮食习惯和生活方式的改变,日本国内市场的酱油消费量逐渐下滑。在清醒地认识到这样的社会发展趋势后,龟甲万着力于开发更多附加价值高的产品,比如以精选大豆和原料制成的特选丸大豆酱油。同时,龟甲万决定改变酱油的营销手法,强调酱油不只是日本的传统佐料,它同样适用于愈来愈受日本人欢迎的西方食物。龟甲万出资赞助烹饪节目,示范如何用酱油烹调红肉和其他非日式食物;派遣"酱油巡回车",挨家挨户向日本家庭主妇示范如何利用酱油烹煮各种食物;免费供应酱油给那些参加婚前烹饪课的日本准新娘。这些营销策略产生了非常好的效果,龟甲万成为深受日本人喜爱的,适用于各类蔬菜以及牛、羊、猪、火鸡等肉类食品的万用佐料。

(二)开发新产品

为应对日本人饮食上的改变给销量带来的冲击,龟甲万积极寻求营销新策略。龟甲万认识到酱油势必要跳脱"日本和东方食物调味料"的传统角色,并将之塑造成适用于各式西方美食的佐料。于是在进一步开发酱油的同时,龟甲万加紧开发以酱油为料底的新产品,比如:烧烤涂酱或卤汁;面食的汤料和酱料,以方便日本家庭主妇快速省时地料理好一餐;广受大众欢迎的新产品本露。这样的策略现在听来似乎很合理,但在20世纪50年代和60年代,却是公司经营哲学的历史性变革。

(三)开拓海外市场

早在1868年,龟甲万就已经开始跨国营销,将一桶桶酱油运往夏威夷和加利福尼亚州供应当地的日本移民。与此同时,龟甲万非常敏锐地注意到参加世界博览会对于品牌传播和营销的重要意义。在1906年,龟甲万的商标已经相继在美国各州和德国完成注册。1917—1941年,国际市场的开发使龟甲万的酱油需求量大增。龟甲万适时地在亚洲各地纷纷设立营销单位,同时各类进口代理商将龟甲万酱油销售到欧洲、美国和南美洲。

在经历了第二次世界大战时期的一段低潮之后,20 世纪 60 年代前后,龟甲万重新进军海外市场。1965 年,龟甲万开始研究在美国设厂的可能性。1972 年,丰田汽车和索尼电器还在考虑是否在海外设厂时,胆识超群的龟万甲开始迈开步伐,其理由是:西方没有酱油,所以龟万甲在西方就没有敌人。在那个年代,美国没有多少人能分得清楚印度墨水和日本酱油有什么不同!

1973 年,第一家海外工厂在美国威斯康星州开始投入生产。20 世纪 70 年代初期,龟甲万在德国设立了 6 家日本铁板烧连锁牛排屋,此举成为日后欧洲市场的主

龟甲万精致的包装设计

要营销策略。20 世纪 80 年代,龟甲万进入中国台湾市场。迈入 21 世纪,龟甲万正式进军中国大陆市场,采取小众化市场策略,主攻上流社会的消费群。目前龟甲万在江苏昆山和河北石家庄有两个合资厂。

如今,龟甲万已经成功跳出"日本和东方食物调味料"的传统角色,将自身塑造成深受西方消费者钟爱并适用于各式西方美食的"万用的、国际性的调味圣品"。

三、大胆创新的管理风格

龟甲万大胆、强势、创新的管理风格和营销策略,令其他日本企业争相效法。在龟甲万把产品销售到日本国内外的历程中,有无数为人们所津津乐道的值得反复研究的精彩案例。

（一）曲线营销

为了打开美国市场,龟甲万针对美国人开发了食谱。经过研究,龟甲万发现,美国人每天轮流吃的只有有限的几样东西。于是,针对美国人最易接受的食品,龟甲万先测试哪些烹饪方法适合用酱油,然后编制成食谱和烹饪

书,介绍龟甲万酱油,并通过举办烹饪比赛、成立烹饪教室等方式吸引美国消费者购买龟甲万酱油。这种曲线营销的办法,令美国消费者迅速接受了龟甲万酱油,之后龟甲万成功将酱油工厂和食谱扩张至欧洲。如今,打着"让人与人之间更亲近的好滋味"口号的龟甲万酱油在全球飘香。

(二)大胆的广告策略

龟甲万在美国初试啼声的电视广告,选在 1956 年美国总统大选开票统计的热门时段播出。电视广告的播放,立刻为龟甲万引来美国第一大连锁超市——赛福威(Safeway)的订单。当时距离美国电视广告力推皇冠汽车——丰田汽车在美国上市的第一款车型,已经有整整一年的时间。

(三)精准的定位与成功的诉求

1962 年,当龟甲万决定生产葡萄酒时,这种西方人眼中的佳酿在日本的消费量却几乎是零。龟甲万的营销策略并不以说服日本消费者应该喜欢这种西方佳酿为切入点。相反地,龟甲万采用另一种完全不同的营销策略:以西方佳酿为健康饮品的角度做营销。当时,龟甲万的全体业务员在路边提供佳酿给行色匆匆的日本商业人士试饮。这种营销手法果然立刻奏效,许多人开始以葡萄酒佐餐。龟甲万因此成为带动日本第一波葡萄佳酿风潮的开路先锋。在之后 1970 年的大阪万国博览会上,龟甲万一改葡萄酒为健康饮品的诉求,以日本社会新贵阶层的专属饮品为诉求,将葡萄酒变成地位与品位的象征。

四、龟甲万给中华老字号的启示

(一)质量是根本,又是战略

龟甲万能有今日之辉煌,其最基本也是最重要的保障在于产品质量。质量是根本,又是战略。这是包括中华老字号在内的所有企业必须永远铭记的原则,事实上没有一个企业不明白其中的道理。但是质量滑坡,却是我国最近几年来令人忧心的社会焦点。很多中华老字号的老化和衰败,相当一部分的原因就在于产品质量的滑坡。

(二)创新思维,创新营销

由于龟甲万的历史和酱油这种古老产品有着密不可分的关系,所以很多人都会有刻板的印象,认为它是一家作风保守的公司。这是非常大的误解。龟甲万好像蕴藏着某种神秘力量,在其几个世纪的生命历程中散发着迷人的生命气息。或许在营销网络和经营规模上,龟甲万不能和本田、索尼、微软这些公司相提并论,但若就创意、革新举措、营销野心而论,龟甲万绝对堪称一流。如今龟甲万的产品是全美25%的餐厅以及99%的超市的常备佐料。红瓶盖、六角形的识别符号,黄、黑、红、白、蓝相间的商标,龟甲万风味浓醇的乌木色佐料,已成为世界上最独特的产品之一。